Blue Future

Exploration and Development of Circular Economy

蓝色未来

循环经济探索与发展

王汉洪　邓学文◎著

企业管理出版社
ENTERPRISE MANAGEMENT PUBLISHING HOUSE

图书在版编目（CIP）数据

蓝色未来：循环经济探索与发展 / 王汉洪，邓学文著. -- 北京：企业管理出版社，2021.1

ISBN 978-7-5164-2285-4

Ⅰ. ①蓝… Ⅱ. ①王… ②邓… Ⅲ. ①循环经济-研究 Ⅳ. ①F062.2

中国版本图书馆CIP数据核字（2020）第216863号

书　　名：蓝色未来：循环经济探索与发展

作　　者：王汉洪　　邓学文

责任编辑：郑　亮　　黄　爽

书　　号：ISBN 978-7-5164-2285-4

出版发行：企业管理出版社

地　　址：北京市海淀区紫竹院南路17号　邮编：100048

网　　址：http://www.emph.cn

电　　话：编辑部（010）68701638　发行部（010）68701816

电子信箱：qyglcbs@emph.cn

印　　刷：北京虎彩文化传播有限公司

经　　销：新华书店

规　　格：170毫米×240毫米　16开本　15.25印张　216千字

版　　次：2021年1月第1版　2021年1月第1次印刷

定　　价：58.00元

自序

追溯起来，循环经济思想和可持续发展理念诞生的背景相同，都源于20世纪60年代的资源耗竭加速、环境污染加剧和环保运动兴起。这些生态环保思想伴随着我的学习和工作生涯。自1999年写完大学本科毕业论文《论绿色经营理念在企业中的应用》至今，已经过去了20多年，我的生活、学习及工作基调，都或深或浅地围绕着“节能减排”“环境保护”“可持续发展”“循环经济”等方面展开。2007年更是参与了《东莞市建筑节能对策研究》的课题，该课题获得了东莞市的表彰。后来又参与建筑废料再生建材的尝试。

在互联网没有大范围普及的大学时代，我常流连于学校内外的书店翻看由联合国粮农组织出版的书籍，查看来自美国、日本等国家的翻译材料，检索学习图书馆里的相关文献，不知疲倦地学习环境经济学界的新思路，那是很有意思的事情。我当时感觉，绿色型消费肯定是新方向，企业界亟待向兼顾环境保护和经济效益方向转型，遂萌生了投身环境保护工作的想法，我目前还在从事着环保技术咨询、环境保护工程、清洁生产技术等工作。环保思想在我国早已有之，我们是要践行祖先说过的话，古代和现代的差异，只是体现在不同历史时期对生态环保的不同理解、理论和科学技术水平高低等方面。

春秋时期管仲提出，国君首先要节用，如果国君不节用，后果很严重。“地之生财有时，民之用力有倦，而人君之欲无穷，以有时与有倦，养无穷之君，而度量不生于其间，则上下相疾也”，于是社会不稳定，甚至“国虽大必危”。又有《孟子·梁惠王上》抨击“狗彘食人食而不知检”等奢侈行为。

另外，佛教的生活方式也具有丰富的环保生态内涵。佛教提倡的节俭惜福、少欲知足、勤俭简朴的生活方式对于节约资源、维护生态环境具有积极意义。

工业革命以来，环境问题无疑是人类现代化进程中面临的一项重大挑战。当前，我国生态环境保护责任重大，工业化、城镇化、农业现代化的任务尚未完成，生态环境保护仍面临巨大压力。污染物排放量大、面广，城乡环境公共服务差距较大，治理和改善任务艰巨，产业结构和布局不尽合理，局部生态环境风险高，重发展、轻保护现象仍时有发生。时至新时代，环境生态保护更是被提升至前所未有的高度。

发展循环经济是我国的一项重大战略决策，是落实党的十九大，推进生态文明建设战略部署的重大举措，是加快转变经济发展方式，建设环境友好型社会，实现可持续发展的必然选择。我国目前生态环境总体恶化的趋势尚未得到根本扭转，水环境每况愈下，大气环境不容乐观，工业固体废物污染与土地安全矛盾更加突出，城市生活垃圾无害化处理能力严重不足。当前我国解决环境问题的主要方式以末端治理手段为主，难以从根本上缓解环境压力。末端治理的方式存在投资大、费用高、建设周期长和经济效益低等弊端，若企业环保意识淡薄，环境保护事业就难以为继。另外，末端治理手段通常只是污染形式的变化，如废气治理产生废水、废水治理产生污泥、固体废物治理产生废气等，不能从根本上消除污染。再者，我国每年还有大量的废旧家电和电子产品、废有色金属、废纸、废塑料、废玻璃等，没有实现资源的高效利用和循环利用。实践证明，较低的资源利用水平已经成为企业降低生产成本、提高经济效益和竞争力的重要障碍，大力发展循环经济、提高资源的利用效率、增强国际竞争力，已经成为我们面临的一项重要而紧迫的任务。

循环经济是一种以资源的高效利用和循环利用为核心，以“减量化、再利用、资源化”为原则，以低消耗、低排放、高效率为基本特征，符合可持续发展理念的经济增长模式，是对“大量生产、大量消费、大量废弃”的传统增长模式的根本变革。可持续发展的核心之一是要解决资源和环境难题，而这正是循环经济发展的本质，即从源头减量、生产过程提升资源利用效率及末端循环利用废弃物的闭合式循环，以实现资源持续利用，从而降低人造成本和自然资源投入，促进可持续发展。应该说，从现在到未来，循环经济是推动我国走上可持续发展道路并实现全球可持续发展目标的关键。

2020年是“十三五”收官之年，已经迎来了环评制度和排污许可证制度等方面的深度改革，2021年是“十四五”的开局之年，我坚信生态环境保护、可持续发展及循环经济将丰富未来经济发展的内涵，是新时代经济发展的一个方向。在未来20年甚至更长的时间内，我国仍将处于工业化中期向后期发展的关键时期，城市化加快发展，经济规模继续扩大，对资源和能源的需求总量仍将持续快速上升。资源短缺、保护环境成为这个阶段发展最大的约束条件，转变传统经济增长方式和发展方式，走循环经济和低碳经济的可持续发展道路成为不得不为的选择。我们既要看到世界应对全球气候变化的努力，也应该着眼于国情和特定时期的发展任务，抓住主要矛盾，选择适合国情的渐进的低碳经济发展之路，循环经济和低碳经济协调发展之路。在发展循环经济方面，我国已经积累了一定的经验，取得了很好的效益，在各种废弃物资源化与循环利用、节能技术、水资源与水环境、生态恢复等一些领域达到了世界领先水平。大力发展循环经济，梯级利用资源，提高资源利用效率，在保持经济增长的基础上，提高碳生产力，调整能源消费结构，逐步减轻对化石能源的依赖，减少碳排放，走中国特色的循环经济和低碳经济协调发展之路，是实现可持续发展的选择，是蓝色未来的选择。

我与本书的另一位作者邓学文先生，在开展环保工作的同时，也参与中小学生课外环保宣讲和社区环保公益活动，由此萌生了编写一本通俗易懂、简单实用的循环经济读本的想法。基于一直以来的学习和工作经验，整理编写本书，一是让更多读者进一步了解循环经济，二是希望得到社会各界专家学者的指导，获得改进提高的机会，争取为建设现代化生态文明奉献一份微薄之力，并活跃循环经济方面的社会舆论气氛。

王汉洪

二〇二〇年五月十八日

目录

第一章

大话循环经济

随着生态文明的发展和生态环境保护政策的收紧，循环经济逐渐成为解决产业发展和生态环境保护问题的有效途径，从而促进了区域循环经济的发展。循环经济又有“资源循环型经济”之称，它是“资源—产品—再生资源”不断进行循环的一种经济活动过程。它非常重视资源的节约使用和废弃物的循环利用，与环境相适应，同发展。它的特点是资源消耗率低、利用率高、污染排放少等。在这一循环过程中，能够充分利用所有的材料和能源，从而使经济活动对自然环境带来的负面影响大大降低。

循环经济就是促进中国人民实现美好生活的必由之路。数字化与循环经济相结合，不仅是经济理论的创新，同时弥补了循环经济在观念认识、技术等方面的不足，将为循环经济乃至整个中国经济发展注入新的活力。

——李洪文　长江学者

开篇案例

海螺水泥："绝技"是这样炼成的

一、公司介绍

海螺水泥股份有限公司（简称海螺水泥）成立于20世纪末，经过几年发展后在中国香港挂牌上市。海螺水泥重视产品质量，在国内广受称赞。其下属的多家子公司，在国内广泛分布，横跨多个地区，在东南亚的一些国家也有其产业，使公司渐渐形成了集团化的管理和国际化、区域化运作的经营管理新格局。

近几年来，随着中国水泥行业的健康发展，相较于外国的水泥行业，海螺水泥取得了巨大的进展，从跟随到超越，实现了海螺水泥创始人提出的"世界水泥看中国，中国水泥看海螺"的雄心壮志。

二、海螺的花园式工厂

发展循环经济，提高生产过程中的科学技术水平，扩大生产规模是实现可持续发展的必然选择。转变经济增长方式，走循环经济道路，可以提高企业的市场竞争力。海螺水泥不仅具有强烈的社会责任感，而且重视对工厂环境的保护、美化、绿化和资源的综合利用，并以建设和谐工厂为一贯目标。

1. 依靠技术进步，彻底解决水泥生产的环境污染问题

当前水泥行业环境污染问题较为严重，要改变现状必须依靠先进的生产技术和更加高级的设备。海螺水泥坚持不懈，不断加大技术投入，使企业科技水平得到有效提高。在生产低投资、少污染等方面取得突破性的进步，为循环经济生产的推广和普及做出了重要贡献。随着水泥生产技术快速发展，在不久的将来，环境污染将会得到根本解决。

2. 严格控制污染物的产生，全面实现达标排放

海螺水泥所有新建、扩建和改建项目，均按国家建设项目环境管理要求进行环境影响评价，按照国家环保要求，实现了环保措施和主要工程的设计、施工、验收同步进行，并顺利通过环保局环保竣工验收。为了有效地促进循环经济总体规划，建立污染物排放控制的相关制度，构建固定能源环境管理的核心系统，海螺水泥通过系统管理，对企业的生态环境进行“一证式”管理，将污染物的排放降至最低，不断促进环境质量向好发展。

3. 推行清洁生产，开展资源综合利用

海螺水泥不仅在建设和生产中重视生态环境保护，还充分利用各种工业废物，通过试验处理社会废弃物，并购建大量的纯低温余热发电设施，不断增强危机意识，树立绿色、低碳发展的理念，致力于节能减排，完善激励约束机制，加快建设资源节约和环境友好型的良好生产消费模式，持续加强企业的发展能力，不断推进循环经济的发展，提高生态文明水平，承担环境修复的责任，增强与社会的相容性。

4. 美化绿化工厂，着力打造生态型工厂

在设计和施工的过程中，工厂也抓好了与周边生态环境的协调和相融，改变了传统的“脏、乱、差”的局面，实现经济与社会共同发展，同时生态环境也受到良好保护。

三、循环经济原理的渗透

循环经济是生态建设的核心。只有从根本上改变经济发展方式，保护和优化生态环境，生态建设才能取得成功。海螺水泥就是这样。它把循环经济的原则贯穿于生态建设的全过程和各个方面，贯穿于生态建设的六大体系之中。

第一，生态经济体系。在经济高速发展条件下，如何发展高质量经

济，解决当前环境问题，促进美丽中国的建设是当前的一大问题。生态社会体系是由经济体系和生态体系有机结合形成的，存在发展与环境保护的矛盾。循环经济的本质是生态经济，循环经济的蓬勃发展转变了我国的经济增长方式，促进了我国生态文明建设。

第二，资源保障体系。虽然当前经济发展速度快，但资源投入过多的问题仍没有得到有效解决。我国将循环经济的理念贯穿于资源保障体系中，充分运用减排原则，通过生产水平的提高来建成资源节约型社会，以减少资源的浪费，降低投入，提高废弃物回收利用率。

第三，环境承载体系。为了促进经济发展，人类不断向大自然索取，回报给自然的却只有无尽的伤害，当人类在生产生活中产生了超过自然的承受能力的污染废物时，就会对自然形成难以逆转的伤害。而发展循环经济就是为了保护环境，减少废物排放，防止污染并朝着实现零排放的目标努力。

第四，城乡建设体系。当前城市与农村都取得了很大的发展，但城乡之间生态环境的矛盾仍然困扰着人们，如何加强城乡之间的交流，化解它们的矛盾，让城市与农村共同发展是当前亟须解决的一个问题。循环经济是生态建设的核心理念，思路大体可以概括为：实现一个目标，转换两个模型，增强三个主要功能，创建四个系统及做好五个设计，这与生态环境建设的思路基本一致。

第五，生态文化体系。文明的兴衰与生态环境的兴衰息息相关，生态规律是指导人类进行有序社会经济活动的规律。用循环经济理念指导生态文化建设是生态建设的正确含义，将生态理念贯彻到文化的建设中，坚持人与自然和谐共生的思想，只有这样，文化建设才能向持续、协调、健康的方向发展。

第六，能力建设体系。面对当今社会存在的一系列问题，我们必须提高自身的能力，勇于创新，积极探索，为解决问题提出可行的宝贵建议。地方可持续发展能力建设有七个方面：决策管理问题、经济模式问题、宣传教育问题、人才培训问题、指标体系问题、依法行政问题、投入机制问题。坚持在这些方面持续改善，生态建设就会收到事半功倍的效果。

四、结论与启示

海螺水泥提出建设花园式工厂的目标，改变了过去水泥厂脏、乱、差的环境状况，实现了低消耗、少污染的目的，走上了新型循环工业化道路。

1. 制定相关政策措施

水泥行业的发展不可避免会有大量的污染物产生，国家要制定相关法律法规，将污染防治的责任落实到企业身上。在生产过程中会产生大量粉尘等污染物，会损害工人的健康，因此也要采取相应的措施，保障工人的身心健康，维护他们的合法权益。在生产过程中要时时监控污染物的产生，公布污染物防治措施。加强地方政府对循环经济理念的贯彻落实，制定措施，严格规范清洁能源的使用，并对表现良好的企业给予适当的税收优惠，从而促进循环经济的发展。

2. 提高科技水平

当前企业主要面临着技术水平落后的问题，因此，企业应不断加大技术投入，引进国内外有关的先进技术与设备，提高企业自身的能力。同时，也要积极培养专业人员，对有重大贡献的科学技术人员给予奖励，从而促进企业的发展，提高企业的竞争力。

3. 加强企业责任感

在生产过程中，海螺水泥把环保的责任扛在肩上，坚持把环境问题放在第一位，不断以更高的技术、更好的工艺进行生产，从而减小对环境的污染，并将生产过程中产生的废弃物重新投入生产过程，促进了资源的重复利用。

4. 贯彻落实环境治理

对环境负责就是对自己负责。海螺水泥坚持以绿色发展为导向，明确以环境保护为方向，以生产绿色水泥来促进企业的生存发展。将环境管理的中心从污染控制转移到环境质量改善，坚持系统性思维，积极推进废弃物的处理工作，将节能减排贯彻落实到实处，各项污染共同防治，严守环境这条底线。

第一节 循环经济从何而来

循环经济的基本实践自古就有。由于物资匮乏，我国民间一直存在着对废物进行综合利用的传统习俗，在长期的实践中形成了简单的循环经济发展理念。早在唐代，“桑基鱼塘”的出现就形成了循环经济的雏形。在990年以前的珠江三角洲地区，出现了生态农业的“桑基鱼塘模式”。简单地说，就是在地势较低的地方进行挖掘，泥土堆在四周形成一个“基地”，中间形成一个“池塘”。基地上可以种植桑树，桑叶可以用来养蚕，蚕可以吐丝，蚕丝可以用来做衣服，这些环节中的废物可以放入池塘养鱼。这样，就形成了一个“废物到原材料”的循环。

循环经济的萌芽从20世纪60年代开始出现。美国著名经济学家鲍尔丁提出了著名的“宇宙飞船理论”，他认为地球就像一艘宇宙飞船在太空飞行，它依赖于利用再生能力有限的资源的持续消耗来生存，如果有限的资源得不到合理开发和利用，任意破坏环境，地球就会毁灭。他认为污染是资源的过剩，资源和环境问题是由发展引起的，最终会通过发展来解决。解决这些问题的方法是改变传统的经济运行模式——单向的线性经济，采用循环经济的模式，从而避免地球的毁灭，这可以看作是循环经济思想的萌芽。

20世纪70年代初，面对日益严峻的生态环境问题，国际社会开始组织生态治理活动。与此同时，各个国家的学者也积极出谋划策，为促进循环经济的发展做出了突出贡献。1972年，罗马俱乐部出版了有关环境问题的热门书籍《增长的极限》。该书预测，由于自然资源的供应有限，经济增长不可能无限度地向前推进，如果不加防范，世界灾难将会来临。

20世纪80年代，随着循环经济理念的形成，人们开始在生产活动中使用基于资源的方法来处理废弃物。在1987年，《我们共同的未来》报告中说，地球上的能源和资源是有限的，它们总有一天会无法满足人们生活发展的需要，我们要为当代和下一代的利益而改变现有的发展模式。福罗什在1989年的《加工业的战略》中指出，生产中的下一个替代品是能实现低污染的原料。这种生产假说充分体现了循环经济产业链的思想，也为后续生态工业园区的建设提供了理论依据。

20世纪90年代，可持续发展的概念在各国盛行，这相应地促进了循环经济的发展。德国、日本和美国相继制定了循环经济的相关法律法规，在各个领域扩展循环经济的有关概念，以开展实际工作。1990年，英国经济学家大卫·皮尔斯和图奈首次在《自然资源与环境经济学》一书中提出了"循环经济"一词。之后，各国又先后出台了循环经济的相关法律，促进循环经济在各国的发展。

循环经济的发展过程如图1-1所示。

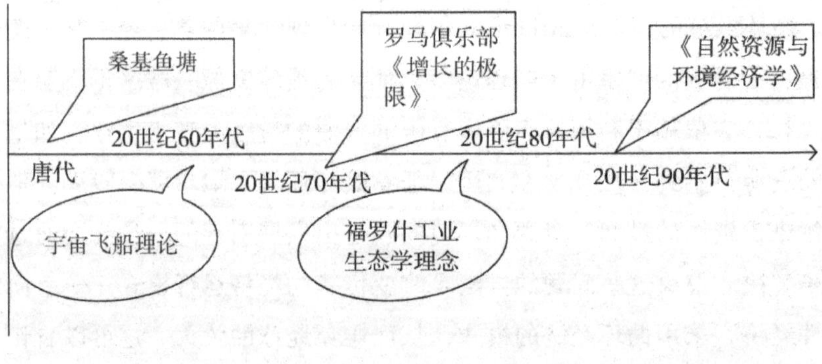

图1-1 循环经济的发展

一、循环经济在胚胎中孕育

目前，循环经济理论已成为我国研究的热点之一，对其理论发展的研究更是层出不穷。循环经济是一种新兴的发展模式和经济学理论，它强调以生态为经济活动的重点，反映人类社会与自然环境之间的关系及关系的演变。循环经济的出现对传统经济模式、经济基础和发展理念产生了严峻挑战。因此，循环经济理论也是百家之言，各有千秋。循环经济的基础包括自然基础、经济基础和社会基础三方面，如图1-2所示。

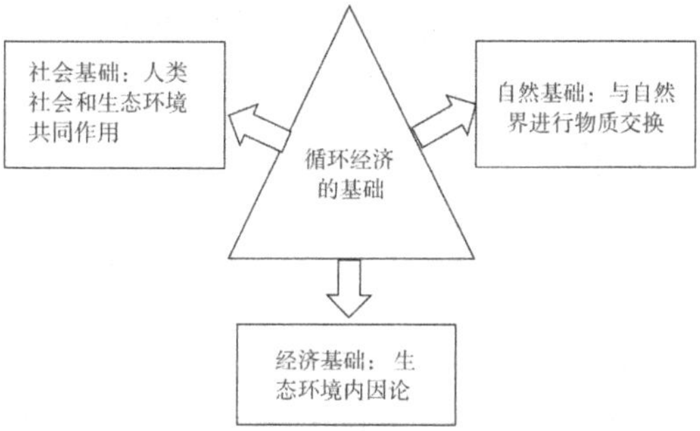

图1-2 循环经济的基础

1.自然基础

人类的生存发展必然存在与自然界的物质交换关系。物质交换是双向的，自然环境的积累为人类提供了创造物质财富的资源，回报却是人类将废物运回自然，造成自然被破坏，因为废物无法被“消化”，所以这种破坏随时会让人类的社会发展受到威胁。这种双向性表现为，经济活动的增长对生态环境资源的无限索取与稳定的生态环境系统对生态环境资源的有限供应之间的矛盾。在这种交换关系中自然会扮演两个角色：供应和容纳。人类的需求是无限的，但自然资源的供应能力和环境的容纳能力却非常有限。因此，要让经济活动适应自然环境，使种族持续存在，就必须改变物质交换的形式和效率，这是循环经济概念的基础。循环经济和生态经济学有同样的基础。

2.经济基础

对自然基础的分析表明，生态环境在资源供应和废物围堵过程中持续不断地发挥作用，导致资源浪费和环境污染问题突出，这是人类社会的发展造成的。在传统的经济增长模型中，研究人员通过分析经济增长的内因变量，希望可以找到经济增长的内在动力，但相关研究却并未提及内部变量，而将生态环境作为外部变量。中国的生态经济学家刘思华教授的“生态环境的内因论”指出，良好的生态条件既是经济活动的外部环境，是再生产过程的重要组成部分，又是经济活动的内在因素。在生态环境从外生变量转向内生变量的过程中，越来越多的人试图改变现有的矛盾。物料循环利用成为新的发展理念和循环经济理念的经济基础。

3.社会基础

在人类社会的发展中，人们最原始的生存需求主要集中在农业、林业、畜牧业和渔业等行业。人们的开采和开发能力有限，并且少量的物理和化学转化过程已集成到资源处理中。自18世纪中后期的工业革命以来，人们进入了电气时代，人类生活方式发生了巨大的变化，成为原始生存状态的“快镜头”，但资源的开采和利用仍在生态环境的可承受范围内，仍然处于循环社会和生态物质交换的原始状态，而生态环境本身仍然处于“原始速度”的更新。随着人类物质和精神需求的迅速增长，资源的开发对环境造成的破坏开始超出生态的可承受范围，造成社会和生态物质交换的恶性循环。在认识到环境污染带来的巨大影响后，人们开始倡导绿色低碳循环发展战略，不断提高资源利用效率，使社会与生态之间进入了先进的物质循环阶段，社会开始进入可持续发展的时代。循环经济是不同时期不同的发展观念所控制的人类社会与生态环境共同作用的产物，这也是循环经济观念的社会基础。

专栏1-1

中国铝业：打造“生态铝业”

一、公司介绍

中国铝业集团有限公司（简称中国铝业）在2001年成立。中国铝业是我国重要的国有企业，它由中央政府直接管理，主要从事矿产的开发、加工与利用，也为社会提供相关的技术服务。作为氧化铝和电解铝的供应商，它的规模是目前世界上最大的，铜产业在公司也占有一定的地位，是亚洲最大的铅锌矿企业。

中国铝业深入贯彻落实新发展理念，在产品质量、生产效率等方面进行变革，强化了国家对矿产资源和国防军工材料需求的保障，在企业价值增值方面提出了有效的措施，并争取建设成为具有全球竞争力的世界一流企业，努力谱写新篇章。

二、中国铝业的循环经济模式

传统的铝工业生产是一种单一的线性生产方式，对资源和能源的依赖性很强。生产的发展往往需要大量消耗不可再生能源，这严重破坏了生态环境。公司根据循环经济和铝工业生态的原则，建立了新型的产业组织，以促进铝行业的循环经济更快发展。中国铝业集团提出的关于循环经济的运行模式为：煤—电—铝—加。这一模式使生产过程中，资源能够被充分利用，减少对资源的浪费，降低环境污染物的排放，使清洁生产渗透到企业的生产过程中，让环境与经济都能得到发展，如图1-3所示。

图1-3　中国铝业集团循环经济的运行模式

第一，在节约矿石资源方面，尽量减少资源投入，充分利用质量较低的矿石资源。在资源开采上，一是将每一份资源消耗殆尽，提高利用率；二是要充分利用工艺不足的矿石。

第二，在节约能源方面，要采用科技含量高、节能效果突出的技术装备，充分利用生产加工过程中产生的副产品或废弃物，寻找更加节能的用电方式，将科技用于生产过程中，寻找可行的节能方法。

第三，在节约水资源方面，尽量减少新水的投入量，将生产过程产生的各种水加以重复使用，将水的效用发挥至最大。

三、中国铝业的循环之道

传统的经济发展模式只基于经济利益，导致生态危机、能源短缺等问题，使人类的生存和发展难以为继。循环经济模式是顺应历史发展的要求而产生的。中国铝业公司将生态效益、经济效益和社会效益结合起来，实现环境、经济和社会的可持续发展。

第一，依靠科学技术，合理开发铝矿资源。建立和健全由减量化、资源化相关技术组成生态企业的配套技术体系，形成更加高效和环保的生产模式，促进产业结构和企业组织结构更加合理，提高相关资源的使用率，加快推进铝工业的循环经济产业化进程。

第二，调整产业结构，扩大生产规模，延长铝业经济产业链。用高新技术改造传统氧化铝和电解铝产业，铝工业是具有显著规模经济的行业，需要不断加强上下游公司之间的交流合作，加强初步整合及深度融合，发展世界铝业的循环经济模式。

第三，坚持可持续发展战略，不断加强环境保护意识，合理开采和有效利用铝土矿资源。中国铝工业应确定可行的可持续发展战略，正确处理工农业、铝工业经济和地方经济的关系；要加大技术投入，突破科学技术进步的阻碍，加快技术创新，改善对铝土矿资源的综合利用，开发和利用相关金属，促进铝行业发展循环经济。

中国铝业集团非常重视循环经济和节能减排工作，付出了很多努力，使得企业的资源和能源使用量大大减少；矿产资源发挥最大作用延长了矿山服务年限，各种废物的排放得到了很好的治理，工业废渣得到了有效处理或综合利用，企业的循环经济工作取得了很大进步，创造了可观的经济效益与社会效益。

二、循环经济动了谁的蛋糕

在《辞海》中，循环是指事物的运动或变化，或一系列重复执行的指令，直到满足结束条件。循环经济动了谁的蛋糕？因何而产生？

1. 石油危机：导火线

能源是国民经济发展的主要动力，化石能源也是工业和其他行业的重要原材料。西方国家高度重视能源节约，石油危机已成为循环经济的导火索。

第一次石油危机。1950—1973年，原油价格被七大公司人为地压得很低，平均每桶约1.8美元，仅达到煤炭价格的一半左右。经过OPEC（欧佩克，即石油输出国组织）的斗争，到1973年1月才上升到2.95美元一桶。1973年10月，第四次中东战争爆发时，阿拉伯国家要求西方国家不能包庇以色列，对以色列提供支持，并决定使用石油武器来报复西方国家，如减少石油产量并对某些国家实施石油禁运等从而使石油价格被提高，当时，从中东进口石油的资本主义国家受到严重影响。尽管西方经济陷入混乱，但油价上涨和禁运仍在持续。在油价上涨之前，油价只有3.01美元/桶。到1973年年底，石油价格已达到每桶11.651美元，是原来的3~4倍，如图1-4所示。石油价格的上涨大大增加了西方列强的国际收支赤字，最终引发了1973—1975年资本主义世界在战后最大的经济危机。

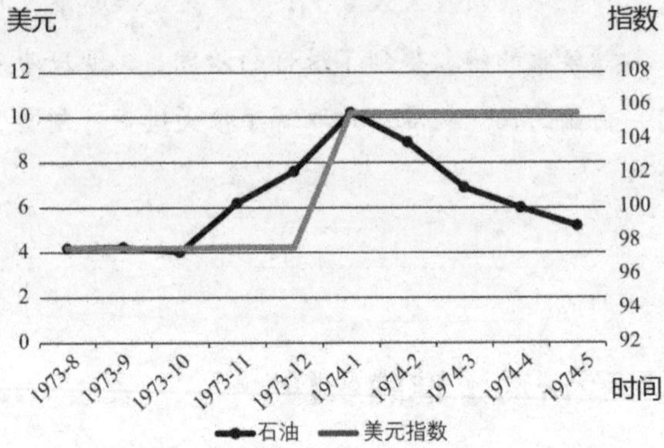

图1-4　1973年石油危机石油价格变化

第二次石油危机。1978年，伊朗的社会和经济出现剧烈动荡，发生了推翻巴列维王朝的革命。这次革命，对世界石油产量产生了巨大影响，全球石油市场供不应求，存在数百万桶的缺口，使当时全球原油市场上的供求关系变得更为脆弱。在这段时间，OPEC内部产生分裂，很大一部分成员都认为应当跟随市场价格提高油价，但是沙特阿拉伯主张冻结油价，甚至增加产量以压低油价，导致OPEC失去了调控市场的能力。主要出口国反过来又提高了官方价格，火上浇油。这次的石油危机影响了全球的经济，引发并加剧了另一场世界经济危机。

20世纪70年代末，这场危机成为西方整体经济衰退的主要原因，美国GDP在第二次石油危机中下降了约3%。

第三次石油危机。1990年石油战争爆发。各国战事不断，石油供应国受到国际经济制裁，严重影响了石油的供应，造成了国际油价的暴涨。在这场石油危机爆发的短短3个月里，油价就从每桶14美元涨到了40美元。面对油价飙升的状况，国际能源署启动了应急计划，向市场投放了大量储备原油，这又造成原油价格暴跌。虽然这次石油危机也对经济造成了严重影响，但与前两次相比，对世界经济的影响要小得多。此外，国际油价在2003年也大幅上涨，这是由于以色列和巴勒斯坦的暴力冲突及中东地区的紧张局势，导致油价暴跌。

几次石油危机严重打击了全球的经济，导致全球油价波动不止，并造成了经济衰退。石油进口国一直在加强对能源危机的认识，节能减排和发展循环经济已经被提上了政府的议事日程。

2. 环境公害：直攻人心

在全球化背景下，各国短时间内全面推进工业化、城镇化和信息化面临严峻挑战。在重化工业时代，主要发达国家的特点是大量生产、大量消费和大量废弃。在一些国家，可供开采的主要能源和矿产资源在世界总储量中所占比例较低。经济快速增长与资源供给不足的矛盾日益突出，环境形势也相当严峻。尽管采取了较严格的措施，在环境保护方面也取得了一些成绩，但随着经济规模和城市规模的扩大，环境呈现出局部改善和整体恶化的趋势，环境压力仍然相当大。

为了在资源、环境约束下保持经济的快速增长，必须转变经济增长方式，循环经济成为必然的选择。根据人口、资源和环境的现状，如何保持经济系统的良性循环已成为一个亟待解决的问题。如此严峻的现状，只有靠循环经济的发展才能得以解决，当务之急是要大力推行循环经济，快速推进循环经济体系的建设。因此我们必须加快调整经济结构的步伐，转变经济增长的方式，来缓解人类面临的资源和环境压力，实现经济社会全面协调和可持续发展。

3. 废物管理：战略转变

我国一般工业固体废物的综合利用水平需要进一步提高。图1–5展示了我国工业固体废物的产生和综合利用情况。当前工业固体废物的利用效率较低，垃圾填埋场容量不足，一般工业固体废物的填埋能力不足，普通固体废物填埋场的建设水平和填埋能力已不能满足固体废物处置的需要，还存在非法排放、非法倾倒现象。工业固体废物处理方向失控，排放场所随意，经常出现私人排放、随意排放与生活垃圾混合排放等现象。在大量废弃物积累的基础上，通过回收利用少量矿产资源生产新产品，可以初步缓解上述问题。对废弃材料进行分类回收利用，不仅可以减少浪费，还可以减少垃圾填埋场占用的土地，实现土地资源的可持续利用。回收已成为工业化国家原材料投入的主要来源。

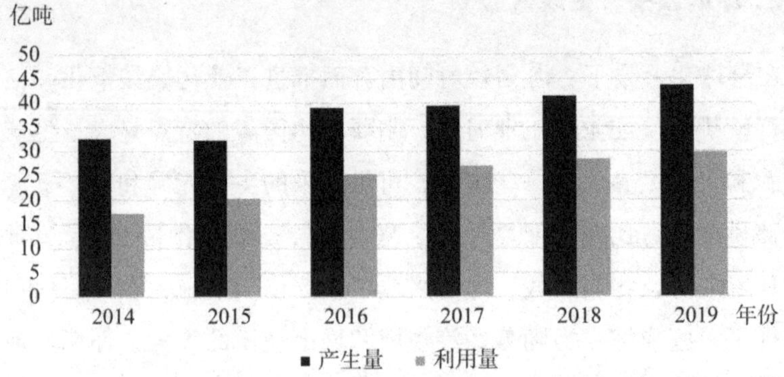

图1-5 我国工业固体废物产生量与利用量

专栏1-2

格林美：循环经济的未来之星

一、公司介绍

2001年，格林美股份有限公司（简称格林美）在深圳注册成立，经过几年的发展，在证券交易所挂牌上市。多年来，格林美立足自身，不断强化自身能力建设，建成了覆盖多地的循环产业园，投资包括南非、印度尼西亚、韩国等国外区域，坚持绿色环保理念，以环保产业与“一带一路”倡议对接，在全球废物循环利用产业合作中贡献自己的力量。

在中国“一带一路”建设中，做有利于人类的绿色环保企业，是成为世界领先绿色企业的必经之路。在国际上，格林美代表的是中国，代表了中国在国际上的形象。它坚守保护城市和利用清洁能源这一核心产业战略，推进循环和绿色科技产业的建立，展示了中国环保企业的世界担当。

二、格林美，点亮美丽中国

循环经济就是保护环境的经济。格林美自成立以来，一直以消除污染再造资源为目标，不断加大投入开发世界领先的循环技术，实现自身社会责任、经济价值与环境价值的和谐统一，将有计划地推行覆盖中国主要城市的废弃资源社会体系，开采无限的“城市矿山”，不断扩大循环工厂的规模。

第一，创立中国废旧电池及电子废弃物回收模式。格林美在保护生态环境的基础上，构建了废旧动力电池回收布局，建立全面的动力电池回收体系，如图1-6所示。这标志着中国电子废弃物在交易、收集、处理等方面积极采用了绿色环保的方式，标志着中国采取绿色方式对“城市矿山”资源进行开采试验。格林美的电池回收模式被称为“格林美模式”，为中国成为两型社会（资源节约型社会、环境友好型社会）提供了支持，并在全国都产生了深远影响。

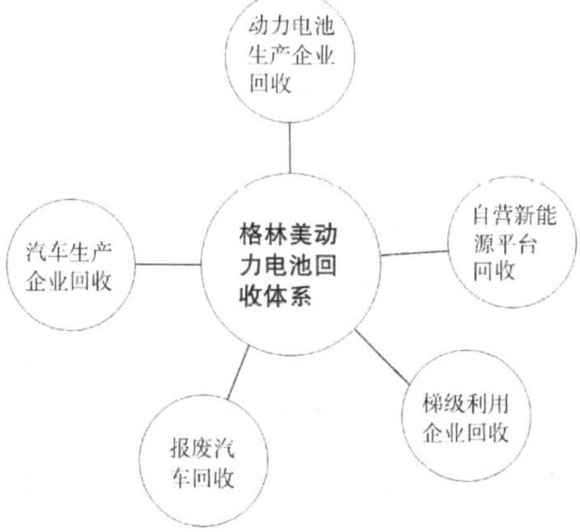

图1-6　动力电池回收体系

第二，格林美不断加大废弃物循环使用，将电子废弃物再利用投入生产流程，制作成了塑木型材，能够广泛应用于建筑、生活等各个领域。这大大节约了资源，缓解了资源紧张的压力，是典型的绿色低碳生产方式，具有广阔的市场前景。该项工作大大提高了中国废旧电池回收率，促进了中国两型社会的建设。

三、鱼和熊掌可以兼得

循环经济就是要在经济发展的同时，兼顾到对环境的保护，而不是以牺牲一方为代价来促进另一方发展，也就是达到“鱼和熊掌可以兼得”的目的。

第一，高质量发展，完成从废弃物到新产品的华丽转身。格林美提出的“开采城市矿山”的思想及“资源优先、循环无限”的产业理念促进了人们对循环经济的认识，使其成为循环经济领域龙头企业。十年磨一剑，攻克热解炉绿色处理线路板的世界技术难题，打通变废为宝“最后一公里”。真正的大国重器，一定要掌握在自己手里。核心技术、关键技术，化缘是化不来的，要靠自己拼搏。

第二，加大研发投入，奖励创新领军者，充分发挥引领人才效应。不断加大研发经费的投入，大量培养创新领军者，并给予他们各方面的支持，这为企业带来了一系列创新成果。采用更为宽松的管理制度，更加丰厚的研发经费，让创新人才的创新动力彻底激发出来，带来一系列的创新产品与创意点子，这些创新成果的不断涌现，推动了格林美循环经济业务创新升级。

企业要通过掌握先进的循环利用技术，来实现对社会的责任，完成经济价值和环境价值的和谐统一。敞开大门，在阳光和环保中经营工厂，让工厂的每一个角落都对社会开放，经受住严格的环境检验。

三、循环经济实现车道转轨

中国的经济发展到了一个十字路口。粗放型经济增长模式在我国已经实施了很长时间，在资源、环境和发展方面逐渐陷入困境，转型已成为当前经济发展的热点话题之一，实现循环经济车道转轨是我们的必由之路。向循环经济的过渡是经济发展方式、管理理念、经营方式和生产方式的转变，使经济向更加资源化和效率化的方向转变，提高了经济的整体竞争力和发展能力。中国经济转型的实质基本不变，即面对市场和未来，建立一个减量化、再利用、资源化的现实可行的业务发展模型。向循环经济的过渡更多的是关于企业的可持续发展，而不是企业临时的增长。经济发展模式的转变使得经济发展的目的、手段、方法和成果也发生了质的转变。循环经济的车道转轨可以从企业、区域和城市三个层面来促进。

1. 企业层面

中国正处于经济体制和经济结构转型时期。中小企业具有规模小、单位产值能耗高、污染排放强度高等特点，造成巨大的资源浪费和环境污染严重，这严重阻碍了中国经济的可持续发展。企业的转型升级是按照循环经济的“减量化、再利用、再循环”的原则，合理地将传统的单一线性发展模式转变为环形的反馈式的循环发展模式。基于循环经济的实践特征与行业特点，可以从以下三个方面着手，走资源综合开发、深加工、高效利用的道路。一是全面提高资源循环利用的效率。按照循环经济的要求，加强资源综合利用的有关技术支持，严禁通过综合回收项目产生新的污染。二是在现有资源的基础上，延伸产业链。三是深加工提高附加值。通过这些途径，我们可以实现循环经济的车道转轨。

2. 区域层面

区域循环经济是新出现的一种经济形态。根据自然生态法的要求，形成了“区域资源—社会化产品—区域可再生资源”的新循环体系，如图1-7所示。它具有以下特征：首先，内部性。内部性通过区域循环经济的有关活动反映出来。这些活动对外部区域产生的影响是不确定的，至少它们不可能产生相同的影响。其次，外部性。外部性主要体现在区域循环经济的活动中，这些活动对区域内部的影响很小，但会干扰区域的外部。例如，上游会对下游产生影响。最后，不可加性。循环经济是对区域循环经济的有机结合，而不是简单相加。例如，发达国家将回收的废旧物输送到发展中国家进行二次利用，从表面上看，这种方式为两国都带来了一定的利益，但是，在走私垃圾的情况下，进口和走私垃圾的扩大已经给发展中国家带来了严重污染并带来了一系列社会问题。在这种情况下，不能说扩张和整合已经实现了循环经济，发达国家和发展中国家的循环经济是不均衡的。因此，发展中国家应努力实现向循环经济的车道转轨。

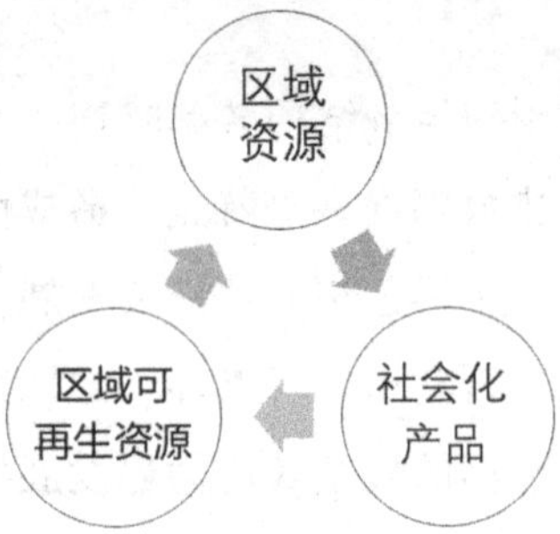

图1-7　物质流动系统

3. 城市层面

循环经济就是对传统经济进行改革。它的出现为企业提供了一条全新的发展道路，它能够使企业逐步减少对资源的依赖，在实现经济增长的同时实现经济、社会和环境的和谐统一。由于大部分企业都是走粗放型的发展模式，对资源利用不合理，导致严重的浪费，使生态环境不断恶化。因此，运用循环经济理念，形成新的经济发展模式，构建新的产业体系，有利于进一步减少污染物排放，促进环保产业发展，提高区域环境质量；有利于加强资源的合理利用，提高资源利用效率，延长资源开发周期；有利于挖掘可再生资源并寻找促进经济增长的方式，从而推动资源缺乏地区产业的持续发展，带动相关地区产业结构的调整和转型，使该地区能获得长远的发展。总而言之，要想建设资源节约型、环境友好型社会，就必须推动产业的转型升级，大力发展循环经济有利于缓解企业对资源和环境的压力，从而实现企业的持续发展。

专栏1-3

天业集团：新循环经济的领跑者

一、公司介绍

新疆天业（集团）有限公司（简称天业集团）成立于1996年7月，属于新疆生产建设兵团第八师，是大型的国有企业。1997年6月，天业集团旗下的新疆天业股份有限公司挂牌上市，2006年2月，新疆天业节水灌溉股份有限公司在香港上市。天业集团产业分布广泛，涉及能源、建材、房地产等多个领域。天业集团始终秉承团结、敬业、拼搏、创新的企业精神，在人才技术方面不断加大投入，组建了拥有国家级高水平的研发队伍，建成了高水平的企业技术中心，为国家和地方进行工程研究提供了足够大的平台。

二、天业集团，主动升起太阳

循环经济是一种以最少投入获得最大收益的经济模式，它通过降低生产中的能源投入，提高循环使用效率，为企业带来经济利益。天业集团不断完善其供应链，并将其产业链、产品链、废物链紧密地结合在一起，资源就无法流出链外，从而形成了循环经济网络，可以促进资源有效利用。

第一，立足地方资源优势，构建循环经济产业链。我国西部地区经济发展缓慢，主要是因为西部地区干旱严重，水资源短缺问题严重。天业集团致力于生产人人都用得起的节水器材，专注于一系列创新节水技术和产品的研发推广，并针对新疆当地具有丰富矿产资源的特征，对目前市场上的空缺项目进行自主研发，建成了“煤炭—热电—化工—塑料加工—建材—高效农业—食品加工”的循环产业链，如图1-8所示。

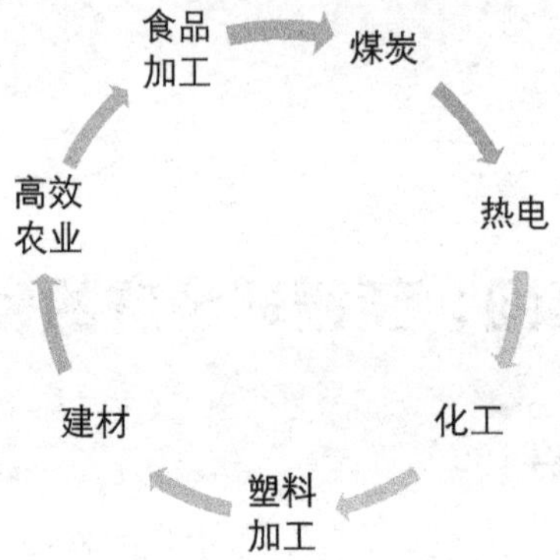

图1-8　天业集团食品加工循环产业链

第二，面向市场竞争，加强循环经济技术创新。天业集团公司不断加强生产技术的创新，主动承担节能减排的责任，使电石生产由“夕阳”产业转变为“朝阳”产业，许多依靠循环经济技术的产品都被世界所认可。天业集团公司通过技术创新，在废水、废气等废物的循环利用上取得了很大进展，创造出了一大批由新技术生产的循环经济产品，真正地将资源“吃干榨净”，使企业的经济效益和社会效益同时得到提高，探索出了一条适合企业的循环经济健康发展的新途径。

三、技术创新的持久动力系统

循环经济要发展离不开技术创新。从根本上说，循环经济的技术创新就是改变原来对外部环境的负面影响，约束企业行为。

1. 将循环经济的概念与生产相结合，克服技术创新的复杂性

尽管循环经济的技术创新比传统技术（尤其是闭环材料转化的关键技术）要复杂得多，但这些技术并不是牢不可破的，它们需要遵循一些规则。循环经济技术主要用于基本生产过程，所以要学会将循环经济的有关概念纳入企业的实际生产，让循环经济理念贯穿经济发展的始终。

2. 工艺集成与联合攻关克服技术创新的综合性

循环经济覆盖范围广，它将多个行业及相关环节和过程结合起来，形成综合的系统。单一技术已经是个难题，更不用说配套技术了。因此，如何将配套技术应用于循环经济中是技术创新的又一关键。天业集团不断加大技术投入，创造出了属于自己的创新模式。

3. 动力内生与行政推动克服技术创新的强外部性

循环经济具有很强的外部性，它能够影响资源存量和环境状况。如何将其对外部的影响转移到内部中来，是循环经济的一项重要的技术创新。为了推动循环经济技术创新的发展，需要不断鼓励企业以更低的成本创造更高的价值。

循环经济的技术创新是为了利用它的外部约束，改善传统经济对环境造成的影响。天业集团公司通过它的循环经济技术的创新途径，不断减小外部环境的影响，将影响转移至内部，大力支持人才和技术创新，形成了循环经济技术创新的持久动力系统。

第二节 循环经济驶向何方

传统的生产和消费活动在各方面都存在许多问题。若固执己见，坚持错误的方法，我们将会走上不可持续的错误道路。要真正提高生活质量，就要摒弃传统的生产、消费、活动方式，构建循环经济体系，走可持续道路。在这里，我们不是要在“环境保护”和“经济发展”之间进行选择，而是要指出“环境保护”和“经济发展”是相辅相成、缺一不可的。循环经济强调资源的有效利用和环境保护，实现最大的经济、社会、环境效益和最低的成本。由此可见，及时推动循环经济的发展，可以有效解决“环境保护”与“经济发展”两难的困境。循环经济对人类的影响是如此之大，它该驶向何方呢？

一、减量化、再利用、资源化

循环经济最基本的运行原则是“3R”原则，也就是减量化、再利用和资源化。这个原则最早在美国实施，之后被各国应用推广。

减量化是循环经济的首要原则，它是指在一系列生产消费的活动过程中从生产源头进行控制，降低生产过程中的物质消耗，从而将经济活动中的资源消耗降到最低，控制废物的产生与排放，对环境的影响降至最低。

减量化原则要求人们在生产的最初阶段就充分考虑减少物质资源的投入，提高资源的利用率，尽量减少废物的产生。这一原则要求在生产过程中改进管理技术，找到节约材料和能源的方法，减少材料和能源流入生产和消费过程，因此也称为减物质化。在消费过程中，人们尽量选择耐用、优质、可循环利用的产品，来减少产品废弃后处置的压力。这就要求人们改变消费方式，从过度消费到绿色消费，从对不环保产品的消费到追求环保的生活方式。减量化原则是降低物质能源消耗量、减少废弃物产生与排放的行之有效的方法。

再利用是循环经济的第二个原则，它是指将生产过程中产生的废弃物进行二次利用或加工成新产品。

再利用原则的特点是延长使用产品服务的时间，它的特点是建立一种重复利用机制，使人们能够以尽可能多的次数和方式使用在经济系统中流通的产品，从而避免过早地将产品作为废物丢弃。在生产过程中，循环经济强调在产品质量有保证的前提下，尽量充分利用资源，最大限度地发挥产品作用，不抛弃产品，通过重复利用，延长产品和服务的寿命，防止产品过早废弃。在消费过程中，人们也需要树立循环的消费意识，即用更少的自然资源和更小的废物处理的压力，尽量选择可以回收的产品，对损坏物品更多的是修理，而不是取代它们。人们可以在市场上对自己不需要的产品进行交易，供其他需要它们的人使用，或者捐赠不需要的物品。

资源化是循环经济的第三个原则，它是指将废弃物重新作为生产材料，投入生产过程，使资源得到重复利用，形成一个生产闭环。

资源化原则的目的是尽量减少资源的浪费，提高资源回收利用率。要在减少废物排放的同时，尽可能地回收利用，对有毒有害的工业废物，必须及时处理。生产者应尽量减少对自然资源的使用，而增加对废弃物的利用；消费者应尽量减少购买自然资源生产的新产品，而多消费二次资源生产的产品。资源化主要有两条途径：一是原级资源化，就是将废物加工成与原来相同的新产品。这种资源化的方法由于其原材料、生产工艺材料的低消耗和能源的低消耗，具有良好的环境效益和经济效益。二是次级资源化，就是将废弃物投入生产过程循环利用，用于生产其他不同性质的产品。通过原级资源化和次级资源化，对自然资源的使用量得到了明显降低。资源化原则是提高废弃物利用率的有效方法。显然，这三个原则对循环经济的重要性是各有侧重的。虽然再利用和资源化都是从废弃物角度来看的，但再利用是在过程中进行控制，是为了提高资源利用率，而资源化是在输出端进行控制，是为了减少最终废弃物的产生。循环经济并不简单地等同于废物资源化，提高经济过程中资源的利用率或产出率是其根本目标，而废物再生利用只是减少废物处理量的一种方式。图1-9描述了“3R”原则的优先顺序。

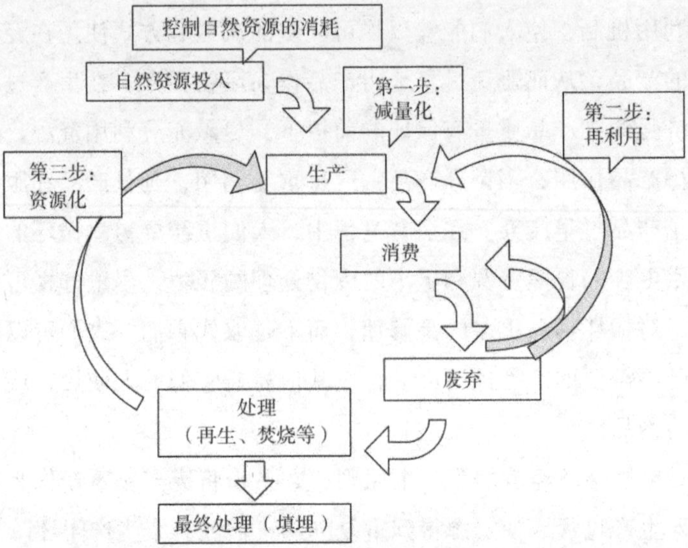

图1-9 “3R”原则的优先顺序

专栏1-4

五粮液：五粮液集团“生态化战略”

一、公司介绍

五粮液集团有限公司（简称五粮液集团）是一家大型的国有企业，它的规模庞大，产业覆盖范围广泛，主要业务是酒业，但是在金融、物流等方面也有它的身影。公司拥有历史悠久的窖池，具有珍贵的历史、文化和社会价值。

五粮液集团目前基于新的发展观，自始至终都将“弘扬历史传承，共酿和美生活”的使命牢记于心，始终坚持为消费者与从业人员创造美好生活，积极采取有效措施将企业做大做强，为社会提供更高的平台。

二、五粮液集团的循环经济实践模式

循环经济的发展对社会是有利的，它推动了企业的可持续发展。它将传统的“资源—产品—废弃物排放”的开环式经济转变为“资源—产品—废弃物—再生资源”的闭环式经济，不断将资源循环投入生产过程，在不影响产品质量的前提下以最少的投入获得最大效益，同时，将对环境的影响减至最小，在促进经济增长的同时兼顾对环境的影响，实现经济与自然的和谐统一。

1. 树立循环经济新观念，确定总体发展战略

五粮液集团明确提出“三废”是错位资源，污染治理应以经济效益等前瞻性的先进环保理念为重点，整合“3R”原则，制定“节约资源、循环利用、达标减排、环境生态”的环境政策，并以此为指导，发展循环经济的总体战略。

2. 构建循环经济建设组织体系

为了促进循环经济发展，五粮液集团以建立循环经济领导小组的方式来推进循环经济的实施。该项措施设立了组长、副组长等职位，并以相关单位负责人为循环经济领导小组的成员，统筹推进循环经济的实施与规划工作。领导小组对有关项目进行领导，环境保护部门率先实施循环经济，生态环境部、能源部、技术改造部门、生产管理部门及其他有关职能部门负责促进循环经济的相关工作，根据各自分工，形成一个协调和联系工作机制。

3. 开展技术创新自主开发循环经济支撑技术

五粮液集团重视技术创新，它不断加大集团的技术与人才投入，鼓励

技术创新，将各个相关技术人员的技术力量集中在一起，聚少成多，与科研院所及相关高校开展产学研合作，培养一批又一批的人才，在技术创新方面取得了很大进展，这又促使了一系列循环经济技术的开发。

三、发展中落实保护，保护中促进发展

在经济全球化的情况下，发展循环经济，走新型工业化道路是世界各国的共同趋势。五粮液公司坚持在发展中实施保护，在保护中促进发展，积极推进循环经济，不断探索新型工业化道路，全面推进公司环保工作。

第一，重视领导，科学决策。只要领导足够重视，并提出可靠的政策措施，环境保护就能得到实现。因此，公司需要有先进的环保概念，制定公司的环境政策，以及重大事情领导亲自抓，以确保所有的工作有序进行。

第二，注重培训，全员参与。要发展循环经济，保护自然环境，就要不断提高员工对环境的保护意识，提升他们的技能，让他们掌握足够的本领在保护中促进发展。五粮液重视人员素质，对他们进行相关培训，提高了他们的工作技能和专业知识，让人人都参与到环境保护中，为公司的循环经济工作提供良好的氛围和有力的保障。

第三，自主创新，加大投入。毫无疑问，环保是一件费力不讨好的事，往往需要投入很多，但却收效甚微。要突破这种传统状态，不仅要在技术上创新，而且要在管理上创新。但创新是有风险的，如何才能降低创新的风险是我们当前亟须解决的问题之一。要用科学来武装自己，不断增加投入，取得最后的胜利。

循环经济的实现，需要不断引进高新清洁生产技术，创新和改进传统技术，加强资源的综合利用，要发展起主导作用的循环经济产业，从而促进白酒行业增长模式的转变，实行全行业的可持续发展。

二、低消耗、低排放、高效率

循环经济对于走可持续发展道路具有举足轻重的作用，也是实现生态治理目标的重要途径。循环经济模式的实质是在生态系统、生产过程和经济增长之间通过无污染、无生态破坏的工艺过程实现良性循环，它具有低消耗、低排放、高效率的特点。

1. 低消耗特征

循环经济是经济活动和生态环境在人类社会基础上长期作用的产物，它所要求的物质循环标准应包括两个方面：一是投入经济系统的材料应多次使用，以达到最高的效率；二是经济系统产生的废弃物能够被生态系统“消化”，总量不超过自身的净化能力。循环经济的低消耗特性使持续进行经济活动的材料投入更加合理并能够持久利用，降低危害和减少污染物排放，从而减少经济活动对生态环境的影响，解决二者之间的问题，实现经济和环境的双赢。

2. 低排放特征

循环经济是经济系统的一部分，它的本质是生态经济。生态经济的核心是平衡经济与生态间的关系，让它们和谐共生；循环经济注重在生产、流通和消费的全过程中尽量减少资源的消耗，它的根本目的是尽可能地减少甚至是避免废物的产生。在工业化、城镇化快速发展阶段，经济开始由资本约束向资源约束转变。循环经济低排放的特点是在经济社会转型后，以可持续发展的理念对资源进行循环利用，发展静脉产业，提高资源利用效率，减少污染物的排放。随着生产技术的进步，经济发展规模不断扩大，资源利用效率低下，增加了资源枯竭和环境污染的可能性。在宏观层面，循环经济重视的是如何实现利用资源最大化与废弃物污染最小化；在微观层面，循环经济重视的是如何在产品生产过程中减少废弃物的排放。

3. 高效率特征

循环经济的实施和发展需要以先进的科学技术为支撑，以提高循环经济效率。循环经济的高效性具体表现为：第一，在既定的产出目标和各种约束条件下，循环经济对各种要素的投入要求最低。它不仅包含财务成本的最小化，还包括适当的技术、资源节约和制度变迁的低成本。第二，在一定的资源投入和成本约束条件下，多产出的综合效果最好。这种产出不仅指产出和利润，还包括废气排放、副产品处理和产品责任延伸。第三，循环经济实践中的应用是多学科交叉的。在现代经济体系中，生产过程遵循物质守恒定律，但许多产品在通过物理和化学转化过程运输回大自然时，并不能完全“消化吸收”。如今，生产技术不断发展，面对如何提高资源利用的效率，如何实现废物的无害处理，如何使生态系统成功地完成自我净化过程和许多其他问题，循环经济需要高技术的支持来引导经济实现可持续发展。人类必须积极推进循环经济的技术创新，突破经济发展过程中的诸多困难。循环经济的科技先导性的特征是，在实施循环经济的过程中，亟须建立循环经济的科技系统，如清洁生产技术、无害的技术、污染防治技术和废物利用技术，为循环经济提供支持。

三、循环性、综合性、战略性

循环经济作为一种新近出现的发展模式，与传统的经济发展模式存在很大的不同。传统经济发展模式的核心目标是实现最终产品的最大化，在这个单一目标的驱动下，人们更高强度地开发地球上的能源，而不考虑环境污染的成本，不考虑资源的成本。在生产、加工和消费的过程中，对环境造成了严重污染和极大的破坏，也导致许多资源的短缺甚至枯竭。在资源、环境和经济社会矛盾日益尖锐的今天，这种传统的经济发展模式在理论上遭到了根本性的否定。循环经济是“资源—产品—再生资源”的闭合式流动，其核心是在这样一个封闭的环境中实现材料的循环利用。它要求人类经济活动应遵循自然生态规律，将人与自然组成一个循环的大系统，实现在生产和消费的过程中尽量少地浪费资源。循环经济的核心理念就是如何在经济发展过程中平衡资源、产品和可再生资源这三者间的关系，消除经济增长与环境保护之间的矛盾。与传统经济相比，循环经济具有物质循环性、综合性、战略性三方面的特征。

1. 循环经济的物质循环性

循环经济模式与传统经济模式存在着很大不同。传统经济不关心社会环境，只注重经济利益的获取，物质流动是简单的单向形式，即“资源—产品—废物”，资源只进行了简单的单向流动。从根本上讲，传统经济是一种资源投入与收效不成正比的经济方式，这将使许多自然资源枯竭或耗尽。循环经济是一个非常有效的生态环境。在循环经济中，资源可以在生产过程中被连续使用和回收利用。整个回收系统基本上不会或完全不会产生废物和污染，生产和消费过程也不会对环境造成很大影响。循环经济采用的是一种循环往复的闭合物质流动方式，也就是“资源—产品—再生资源”的方式，如图1-10所示。

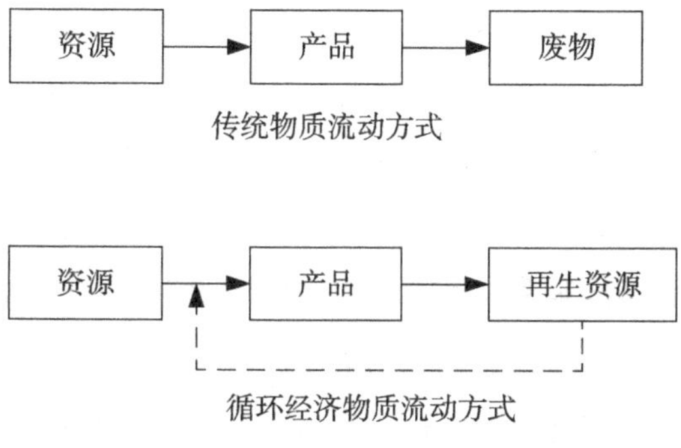

图1-10 传统物质流动方式与循环经济物质流动方式的区别

2. 循环经济的综合性

循环经济的研究对象具有综合性的特征。在这个庞大而复杂的综合系统中，它不仅包括环境、资源、生态系统，还包括复杂的经济系统。此外，如果没有社会、政治、国籍和意识形态等因素，就无法考察循环经济制度的合理性。因为循环经济涉及人、社会和自然之间的相互关系和相互作用的各个方面，所以它具有非常全面的特征。循环经济学是一门综合的、多学科交叉的学科，它融合了基础理论、应用技术和发展战略的有关研究。在研究基础理论时，遵循系统论、控制论和信息论的原则，将生态经济学、环境经济学和资源经济学结合起来；在发展战略上，以各类经济制度为基础，实现环境、资源、生态相结合；在应用研究方面，将清洁生产与废弃物利用相结合，进一步提高研究水平。

3. 循环经济的战略性

循环经济的基础是关注长远利益，将眼前利益与长远利益有机结合起来，重视长期问题的研究，探索人与自然环境和谐共存的方式，走上持续、稳定、协调的循环经济之路。

循环经济学研究中的经济、社会和生态问题通常具有全局性和长远性这一特征。着力开发和推广具有高效节能技术的设备和产品，实现重点领域关键技术的突破，不断提高综合能效；加快研发步伐，推广具有先进技术的环保设备和产品，提高预防污染的水平，积极推进建设以市场为导向的节能环保服务体系，以先进技术为后盾，建立废旧商品回收体系，这些措施虽然无法立即看到成果，但在长期坚持下，必定会对整个人类社会产生深远的影响。结合当前利益与长远利益，循环经济学应专注于对重大问题的长期研究，并积极探索人与自然和谐共处、持续稳定的协调发展道路，让当代人及其子孙后代享受循环经济的成果。

第三节　循环经济与新时代手牵手

传统的高消费、高排放、低利用的经济增长方式，造成了资源日益紧缺和巨大的环境压力，循环经济作为一种新的经济发展模式被提出。我国的工农业等方面也随着循环经济的发展而取得了一系列的成就。

一、循环经济赢得“新蛋糕”

在加快新型工业化建设的过程中，中国综合采取各种有效措施促进循环经济的发展，目标是建成“资源节约型、环境友好型”社会，充分发挥循环经济的重要作用，以促进产业结构的调整。随着我国节能潜力和能力的提高，战略性新兴产业的培育和发展，循环经济的互动发展规模日益增大，产业转型升级的作用日益明显。

1. 法规政策支持力度加大

一是加快完善法制体系。我国制定并出台相关政策法规，支持企事业单位发展循环经济。二是加强政策引导。国家明确发展循环经济的总体目标和任务，发展循环经济、建设资源节约型社会应当被视为“可持续发展指标”，纳入领导干部的任期目标责任制，将工作责任分解落实到各部门。国家制定了与有色金属产业、城市矿产产业、再制造产业等产业相关的一系列专项规划，确定了发展循环经济的重点方向和重大项目。三是政策支持力度加大。政府积极落实国家优惠政策，在金融管理各方面，建立了一系列可执行的有利于循环经济发展的政策机制。特别是在城市矿产示范基地建设方面，先后出台了相应措施，出台了中小再生资源回收企业贷款担保、信用担保、专项资金扶持政策，鼓励循环经济发展。

2. 节能环保产业快速发展

国家将节能环保产业作为战略性新兴产业加快培育和发展，大力发展节能环保设备制造、合同能源管理、环境服务产业，推广高效节能产品的应用、烟气脱硫与污水处理技术和设备。政府和企业在合理的空间内，有土地集约利用、资源节约使用等义务。这些强制性调整手段在节能、节水、节地、节材的生产实践中起到了积极的作用。总的来说，中国GDP的能源消耗在下降。以能源行业为例，我国在发展与资源节约有关的循环经济方面取得了一些成就：实施了清洁供暖价格政策，并在北部地区的12个城市启动了冬季首批清洁供热试点，煤炭消费总量减少1000万吨左右；节能减排是通过非化石能源的发展和天然气的开发利用来实现的。

3. 促进循环利用，减少污染排放

循环经济模式下，政府和企业设置了城乡垃圾分类回收处理，对生产消费过程中产生的废弃物进行处置和综合利用，如对生产过程中产生的余热和残压等进行综合利用，产品贴标、无害化处理等标志的修复和翻新。这些强而有力的调整措施促进了材料回收和废物回收的发展，并在减少废弃物排放的生产实践中发挥积极作用。例如，从城乡生活垃圾的收集和资源利用的角度看，垃圾的收集、利用和处理能力都明显提高。近年来，无论是城市垃圾的无害化处理还是水资源的再利用能力都得到了显著提升。循环经济发展取得了一定成效，在促进工业转型升级方面发挥了积极作用，这些作用为经济发展赢得了“新蛋糕”。

专栏1-5

首钢集团：零排放下获得经济收益

一、公司介绍

一百年光影流转、一百年赓续传承、一百年砥砺奋进。首钢集团是在1919年成立的，代表了我国钢铁工业的发展历程，参与和见证了中国钢铁工业从弱小到强大的历史跨越，参与和见证了中国人民从站起来、富起来到强起来的伟大飞跃，是我国钢铁行业的一个缩影。经过百年的发展壮大，首钢集团已经成为涉及多个行业、多个地区的综合性企业集团，并多次跻身世界500强。

首钢人勇于拼搏、吃苦耐劳、有担当、有谋略，坚持走可持续发展道路，深入贯彻新发展理念，确立符合自身发展的新战略定位，为行业发展做出巨大贡献，在改革发展中创造了无数奇迹。

二、首钢集团的加减法

无论是在生产还是在经营销售上，首钢集团始终坚持绿色循环的可持续发展理念，不断强化技术与管理，使生产过程中的能耗与废物排放大大减少，使各个生产环节的废物都能得到二次利用，从而减少消耗，在经济与社会方面获得共赢。

第一，构建合理高效的组织管理架构。首钢集团始终重视管理与技术的重要性，在生产运营过程中双管齐下，不断发展循环经济，以保护环境为己任，并兼顾企业经济效益，实现企业的可持续发展。其以“3R”原则为核心，通过加大技术投入来支持科技进步和技术创新，从而构建能源消耗低、资金投入少、管理效率高、污染排放少的创新型企业。

第二，贯彻落实环境治理。对环境负责就是对自己负责。首钢集团坚持以绿色发展为导向，明确以环境保护为方向，以生产绿色钢铁来促进企业的生存发展。将环境管理的中心从污染控制转移到环境质量改善，坚持系统性思维，积极推进废弃物的处理工作，贯彻落实节能减排，各项污染共同防治，严守环境这条底线。

三、循环经济效益优化

为了获得最大的经济效益，钢铁行业需要承担相应的责任，如在生产过程中注重发展循环经济，加强能源的使用与转换，减少废弃物的产生，来提高资源的使用效率，减少对环境造成的影响，协调企业和社会的经济及环境效益。

第一，加强环境治理和环境保护。首钢坚持稳定工业污染源，不断减少排放，加强环境污染控制，加强环境监督管理的主线，大大减少了主要废弃物的排放，显著改善了厂区环境质量。

第二，建立循环经济管理体系。首钢从组织结构、业务流程和法规到循环经济发展的管理，建立了循环经济管理体系。为了降低企业生产成本，提高经济效益和市场竞争力，首钢积极调整组织结构，建立循环经济促进机制，建立了以环保技术为基础的创新体系，建设了高效的循环经济工业园区。工作的重中之重就是要提高资源利用率，大力发展循环经济，走绿色发展的可持续道路。

发展循环经济是我国走可持续发展道路的关键一环。总体而言，循环经济已经在发达国家的一些层面进行了尝试，并取得了一些成功的经验，为企业走可持续发展道路提供了思路。为了保证企业有源源不断的动力，必须转变传统观念，以循环经济为指引，促进企业的可持续发展。

二、循环经济实现“新智慧”

电力工业是国民经济的基础，无论是在生活中还是在生产过程中，都离不开电力企业，而电力企业的运行需要消耗大量的土地、水、煤炭、石油、天然气等不可再生能源，还会造成大量污染物的排放，严重影响自然环境。在发展循环经济时，要注重长远发展，为电力适应社会发展、加强环境保护提供“新智慧”。

1. 企业内部循环经济：清洁生产

燃煤发电企业清洁生产是指在电力生产过程、产品和服务中不断运用整体预防策略，提高资源利用效率，减少对环境负荷的影响。表1-1列出了燃煤发电企业基于清洁生产的循环经济技术措施。

清洁生产大大减少了废物排放量，燃煤发电企业的热力系统与“废物”资源系统形成了产业链结构，将污染控制从被动的末端治理转化为财富的直接创造，并改善了环境，促进了经济的可持续发展。

2. 以燃煤电厂为中心的生态工业园

燃煤电厂能够为我们提供能源，但是厂内循环经济存在一定的局限性，它会形成不可降解的废料，对环境造成不利影响。如今的产业发展正从以经济效益优先向以生态环境优先转变。例如，煤电循环经济的典型代表——煤电生态工业园，已经开始走上了低成本、低排放的环保之路，致力于实现经济与环境的协调发展与和谐共生。煤电生态工业园是以燃煤电厂为中心企业，通过区域内其他相关延伸企业的物质、能量、信息、废物的分层流通与交换，主要要素相互作用、相互关联，形成和优化区域内循环和区域间循环的生态网络系统。通过分析园区内物流和能流，我们可以模拟自然生态系统建立“食物链”和“食物网”的工业生态系统，模拟自然系统建立“生产者—消费者—分解者”的循环路径，在工业系统中，形成一个互利共生的网络，实现物质、能源和水的循环利用。根据其与发电厂配套企业的不同，可以建设不同类型的生态工业园区。例如，在青海省、包头市、河津市等中国的中部和西部地区基于丰富的煤炭、电力和铝土矿资源建立机电工业园；在东北地区利用丰富的油母页岩煤炭与煤气层资源建立了煤电气工业园等。

表1-1 燃煤发电企业基于清洁生产的循环经济技术措施

过程及排放物	工艺及技术
燃料输送	全封闭除尘，燃料清洁输送；燃用低硫燃料，高硫燃料脱硫后燃用
燃烧过程	燃煤中加入多种改良元素，脱硫并生成水泥胶凝材料矿物质；采用高效低NOx燃烧方式
过程节能	杜绝跑、冒、滴、漏；余热利用
SO_2 / NOx	因地制宜，采用高效脱硫、脱硝方法
尘	采用高效除尘器，如电除尘器
粉煤灰	分级利用：高级（提取铁粉、碳粉）；中级（生态水泥、加气混凝土等）；低级（筑路、填埋）
废水	采用膜处理及电去离子水处理法，减少运行中酸碱废水；其他废水多级处理，分层次利用，达到零排放
废料	回收处理

3. 强化污染物的控制和生态环境保护

循环经济使火电厂在污染治理中“不欠新账”和“快还旧账”。积极推进发电厂清洁生产活动，减少污染物的产生。与此同时，不断减少废弃物的排放，加强对废弃物排放的治理，保护生态环境。以重点环境问题为突破口，重点解决国家重点区域和重点城市电力环境问题，特别是二氧化硫达标排放和总量控制问题。坚持科学规律，因地制宜，科学配置各项治理措施，充分发挥综合效益，把有限的资金用在“刀刃”上，以最低的成本控制污染物排放，满足环保要求。

循环经济解决了电力工业发展中的诸多问题，包括电力发展中的环保与资源节约问题，实现了循环经济的“新智慧”。

三、循环经济突破“新前景”

以农村循环经济为例，为了实现农业可持续发展，必须始终坚持以良好的农业生态环境和自然资源的合理利用为基础和条件，紧紧依靠科学技术的进步，不断提高农业资源的利用效率，挖掘农业资源存在的巨大潜力，解决资源占用与消耗的问题，提高生态系统的自我修复能力，增加自然资源数量并改善生态环境，这也是当今世界农业科技发展的趋势。要实现农业的可持续发展，传统农业道路是不可行的，要推进传统农业向现代农业的转型升级，大力发展观光农业、休闲农业、生态农业，展现出循环经济的“新前景”。

1. 因地制宜，利用现代科学技术发挥农业资源优势

依据经济发展水平及“整体、协调、循环、再生”的原则，利用现代先进的科学技术，进行综合规划与管理，在维持农业生态性的同时不断提高农业的经济效益，实现生态和经济社会的和谐统一，创造双赢的生态农业大格局。近年来，绿色食品消费和生产的要求越来越严格，国家逐步禁止在农业生产基地使用高毒、高残留、高污染的农药，与过去相比，农药和化肥的总投入大大减少。通过采取有效措施，将各产业部门和系统连接起来，循环利用生产过程中的各种物质能源，形成一个相

对完整的生态产业网络，从而使各种资源和废物得到有效利用，对环境的影响降到最低。通过生态产业链，我们可以实现农副产品的深加工，原材料被充分利用后，我们可以把废弃物作为有机肥料和饲料来培养土地肥力，发展畜牧业。这有助于最大限度地提高资源综合利用率，减少污染物的排放，形成健康安全、绿色高效的农业生态网络。

2. 生态经济文明村

循环经济促进了生态文明村和经济文明村的建设。农作物秸秆喂牲畜—牲畜粪便变成沼气—沼气液还田施肥；猪粪高温发酵后的肥水养鱼—养过鱼的水浇灌农作物—农作物的秸秆再用来饲养牲畜。这种循环往复的模式是生态文明村建设的关键，是属于农村的一种“循环经济”。通过“微生物链”技术，可以开辟立体高效的生态育种新途径。秸秆可以作为动物饲料供动物食用，动物的排泄物又可以用来繁殖蝇蛆，蝇蛆能被转化为供动物食用的饲料，且蝇蛆的粪便能被转化成有机肥，返回田间，这样一个过程形成了一条循环的链条，通过材料的再利用，秸秆的经济效益和生态效益都能够最大限度地发挥出来。秸秆资源的另一有效途径是生产沼气，用秸秆生产沼气大大减少了燃烧造成的空气污染，改善了农村的环境与卫生条件，提高了农民的生活质量，还节约了天然气、煤炭等不可再生资源。

3. 农村生态型家庭经济

循环经济的建立和推广有助于在农村建设生态型家庭经济，改善农村的卫生条件。例如，农村可以构建以“种养加”和沼气为链条的微型循环经济，解决村民面临的生活和生产上的一系列问题。国家通过实施文明生态村建设来实行立体养殖，将养殖、生产、生活结合起来，逐步探索“猪—沼—人”三位一体的生态家园模式，给农民的农村生活带来了极大方便，也减少了农民的日常开支，并实现了资源的循环利用，促进了农业和畜牧业的有机结合，如图1-11所示。这种生态家园模式改善了农村的能源结构，通过资源的循环利用，使得种植和养殖都能得到最大的效益。

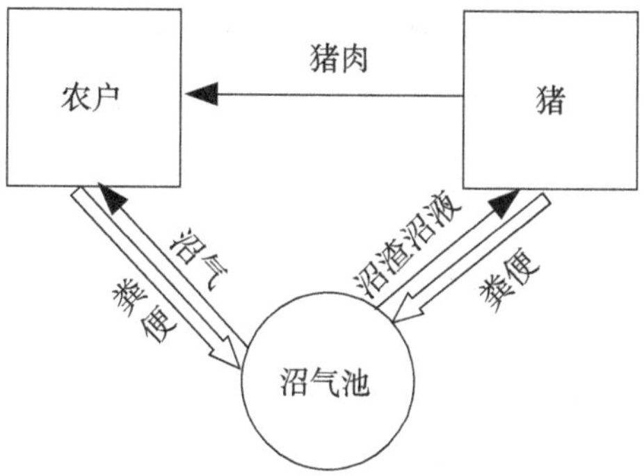

图1-11　生态家园模式

在农业方面推进循环经济的探索与发展，为中国农业科技推广体系的改革和发展提供经验和借鉴，突破了循环经济“新前景”。

专栏1-6

平煤神马集团：循环经济的一流尼龙生产基地

一、公司介绍

中国平煤神马集团（简称平煤神马集团）是国有企业，主要经营领域为化工能源，它成立于2008年，是中华人民共和国成立以来第一个自主研发、自主设计的特大型煤炭基地，它的前身是平煤集团和神马集团，被称为“中原煤仓”；神马集团是国家重点建设项目，改革开放之初，它引进国外先进设备技术，生产了中国自己的产品，结束了我国长期依赖进口的历史。

近年来，平煤神马集团不断发现并完善自身存在的不足，按照“六个坚持”基本原则，认真贯彻国家要求，走可持续发展道路，打造了三条全国能源化工行业独具特色的产业链条，建成了一个多元化的产业，形成了协同发展的产业新体系。在慈善、环境保护、就业民生等方面做出了自己的贡献，带动了当地经济的发展，为其他企业发展起到了很好的带头作用。

二、平煤神马集团的低碳循环经济模式

科学规划是发展循环经济的先导和保障，平煤神马集团在2005年被认定为中国第一批循环经济试点企业后，高度重视规划的作用，形成了较为完善的循环经济规划体系，致力于实现“资源—产品—废弃物—再生资源”的循环发展。

1. 树立新型资源观的理念

将一切可以利用的资源都充分利用起来，扩大循环经济思路。充分利用生产过程中产生的二氧化碳或副产物，并将其重新投入生产。目前，平煤神马集团有多座尾矿水处理厂（站），每年都能处理大量的污水，让它们重新投入使用。平煤神马集团的新型资源观理念使得它始终走在中国经济发展的前列。

2. 形成“3+2”的循环经济新模式

“3”是指3个循环，即基于独立项目或矿区的“点循环”，基于相关产品或产业链延伸的“线循环”，基于系统集成和多项目协同生产的“面循环”；“2”就是一方面要充分利用资源，注重节能减排，另一方面要重视对环境的保护。点、线、面相结合的循环经济发展模式具有很高的价值，有利于社会效益和经济效益的共同实现。

3. 培育一批产业园区

循环经济的发展，促进了一批低能耗、高环保的循环经济企业的建成，形成一条封闭的产业链，从而实现资源的最大利用。目前，平煤集团已经形成了以循环利用为特点的循环经济企业群，形成了“采煤—洗煤—炼焦—煤化工产品—煤气发电—发电自用”的闭合产业经济链条，并在机制上形成了“产权多元化+产品链化+内部市场化”的新模式。

三、循环经济造福人类

循环经济就是要改变发展模式，解决工业革命对资源和环境造成的严重制约难题，保护地球，造福人类，顺应人与自然和谐共存、良性循环、可持续发展的趋势。这有利于产业升级，并带动循环经济的发展。

第一，注重产学研结合，实现科研与产业的无缝对接。与各高校合作创建研究平台，攻关制约安全生产和产业发展的关键技术，通过各种形式，如股票期权、技术入股、成就奖项等，大力引进具有高素质的专业的技术和管理人才，建立专项资金，培养大量具备高技能、高学历的复合型人才，并为他们的发展提供平台，采取相应的激励措施，鼓励他们发挥自身才华，使人才在实践中锻炼成长，为企业谋福利。

第二，平煤神马集团产业涉及从化工到新能源的各项产业，要提高企业的核心竞争力，就必须在生产方式和企业运营中发挥自身优势，通过自主创新提升自身竞争力。科技对企业的未来以及发展至关重要，这是我们实现经济效益与社会效益的同时，解放和发展生产力的根本要求。

第四节　循环经济驱动发展快车道

大规模的工业生产虽然满足了人们不断增长的物质需求，但这种增长却是以自然环境的破坏为条件。经济发展带来的环境问题，使我们不得不开始寻求新的经济增长方式。要始终把“减量化、再利用、资源化”的原则贯彻到生产生活中，提高资源的利用效率，这对改善当前中国经济增长有着十分重要的作用。

中国从国家层面推动循环经济的发展，在各界各族人士的共同努力下，中国循环经济取得了举世瞩目的成就。它在产业结构、运行方式等方面做出了重要调整，重视生态文明建设，对经济的持续发展起到了重要的作用。

一、构建“美丽中国”

党的十九大报告指出，加快生态文明体制改革，建设美的中国。当前，我国经济虽然进入高速增长阶段，但仍面临着物价、就业、环境等方面的问题，实现美丽中国仍任重而道远，其中一个行之有效的方法就是走循环经济之路，向循环经济转型。循环经济是科学发展模式和路径的选择。

1. 实现全面建成小康社会的目标

处理好人与自然之间的关系有助于全面小康社会的建成。当前我国正处于经济社会转型发展期，这既是一个机遇，也是一个挑战，如何走好当前这一段路，对未来我国的经济发展至关重要，而循环经济可以解决当前转型期经济社会存在的多种矛盾。

2. 实现可持续发展的长远要求

罗马俱乐部的A.佩切伊面对严峻的经济生态化问题曾指出，如果我们对环境破坏问题置之不理，那么自然将会对人类产生副作用，地球上将没有人类的立足之地。20世纪末以来，由于生态环境的破坏对我国的经济发展造成了巨大的影响，各项经济指标受其影响严重。过去几十年来虽然我国经济取得了一定的发展，但这是以生态环境的牺牲为巨大代价换来的。因此，如何将经济发展从“又快又好”向“又好又快”转变是当前亟须解决的问题。循环经济强调用有限的资源创造更多的财富，符合我国当前现状。因此我们需要把握好当前的机遇期，走循环经济道路，不以牺牲环境为代价来获得经济利益，合理利用资源，减少浪费，实现社会经济向又好又快发展。

3. 调整产业结构、扩大就业

随着我国经济的发展，第二产业的发展速度也在飞快提升，但第三产业的发展却相对滞后。第三产业的发展事关经济发展全局，从国家统计局公布的数据来看，第二产业发展迅猛，而第三产业存在较多矛盾，发展势头远不如第二产业，第二产业对生态环境的影响较大，长此以往，必定会进一步使环境恶化，使得自然资源更加匮乏。因此，大力发展第三产业，高度重视环境问题，走循环经济之路势在必行。

4. 解决资源紧缺、能源危机，建设生态文明

随着生态文明意识的增强，人类文明开始从工业文明过渡到生态文明，经济也开始向绿色低碳的发展道路行驶。改革开放以来，我国经济发展一直走在高速度、高成本的发展道路上，中国已经成为世界上资源消耗最大的国家。有关数据表明，在相同的产值下，中国的能源消耗是国外的几倍。面对全球能源危机，各国应尽量减少能源消耗，若占有和消耗过多的资源，会使危机更加严峻，还会加剧国际紧张关系并引发冲突。面对上述压力和困难，必须走资源节约型道路，将环境问题放在第一位，发展循环经济。当前，经济社会还存在着较多的问题，如发展不协调问题，这使我们必须思考如何权衡两者间的关系，因此要大力发展循环经济，走绿色循环的发展之路。只要严守环境底线，建设环境友好型社会，中国梦的实现就在眼前。

二、构建“开放中国”

在开放条件下，应当积极开展对外合作。如何在开放条件下更好地整合和利用中心城市现有资源，加强生态环境保护，促进经济发展，是我们需要解决的问题。一方面，中心城市的经济发展水平不足以从内部解决资金和技术的支撑问题，正确的发展理念不能仅仅依靠内力。我们必须充分利用各种机会，在开放条件下，响应国家“引进来”和“走出去”的政策，充分利用国外先进技术和管理经验，吸引外国直接投资，改善金融市场，鼓励国际风险资本或援助资金参与循环经济的转型与发展。另一方面，通过工农业转型，可以更好地提高产品质量，增强出口竞争力。只有这样，我们才能更好地利用两种资源和两个市场，共同促进经济发展方式的转变。发展循环经济有助于构建更加开放的中国，主要从以下三个方面来阐释。

1. 循环经济规划引领作用增强

随着社会不断发展，国家开始重视循环经济在我国的发展，先后颁布了一系列相关的发展规划，点明了当前应如何发展循环经济，发展循环经济的目标是什么。这些规划的出台，为企业发展循环经济提供了相应的保障，让企业更加心无旁骛地投身于循环经济的发展，制订出适用于自己的一套计划措施，这些计划也提高了企业在国际市场上的竞争力。

2. 循环经济政策机制不断完善

国家采取了多项政策来完善循环经济的发展。一是价格和收费政策，对不同行业和时间收取不同费用的差别定价政策，如按用水量实行阶梯式定价，对不同类别的垃圾排放收取不同的垃圾处理费。二是财政政策方面，国家设立循环经济发展专项资金，支持具有生态文明特征的企业发展以及循环经济重点项目；对一些发展循环经济的企业，给予一些相关项目的补助；对一些高污染产品的回收处理给予适当的补贴。三是税收政策，国家向支持循环经济发展的有关企业降低征收的税费，对一次性筷子这类不环保产品征收消费税以减少对它的使用。四是金融政策方面，对低碳环保企业给予适当金融支持。五是产业政策。国家制定了一系列有利于促进产业结构调整的政策，不断推进循环经济的发展。并且，随着改革的不断深入，促进循环经济的市场化发展机制将加速形成，从而提高国内企业的国际竞争力。

3. 循环经济能力建设得到加强

随着循环经济理论研究的不断深入，有关循环经济的相关概念被不断提出，这进一步促进了循环经济的发展。国家统计局发布了循环经济指标，还建立了有关统计体系，有利于企业及时评判核查自身情况。循环经济的宣传力度也在不断加大，全民意识明显提高。国家批准了多个循环经济教育示范基地，一些高校开设了循环经济学院或相关课程，希望通过教育培育出一批循环经济的专业人才，建立了一大批与循环经济相关的研究所和工程实验室并投入使用。一些循环经济的标准体系、相关标准也先后发布，标准试点工作正有条不紊地进行。不断加强人才建设，提高发展循环经济的能力，发挥循环经济的桥梁纽带作用，有利于企业提高对外开放的程度。

对外开放永远在路上，提高对外开放水平是大势所趋，是责任所在，也是发展的需要。循环经济的建设和推进提高了中国在国际上的竞争力，也提高了中国对外开放的水平，这对“开放中国”建设具有深远的意义。

三、构建“经济中国”

为了促进循环经济在我国的发展，构建“经济中国”，国家出台了一系列支持循环经济的政策法规。同时，国家在财政、税收等方面也给出了相关政策支持以鼓励循环经济的发展，如图1–12所示。

在投资政策方面，中央财政提供了一笔节能奖励资金，希望通过“以奖代补”的形式支持企业进行节能技术的改造。国家颁布了多项政策法规，对积极采用节能技术的企业在财政上给予奖励，鼓励企业和城乡居民使用高效节能的照明产品，将节能环保落到实处。中央政府还建立了发展循环经济的专项资金，用于政策研究、示范试点、宣传和培训，以支持循环经济的发展，有关措施中还提出了对清洁能源的使用，加大对清洁生产项目的支持力度。

图1-12 构建“经济中国”

在税收政策方面，给予了节能环保企业一系列的税收优惠。国家对节能环保项目的企业所得税和节能环保设备投资的企业所得税给予一定优惠，并继续落实好资源综合利用率高、重视环境保护的相关企业所得税等方面的优惠政策。继续推进资源税征收制度的改革，完善征管税收的方式，提高税收征管水平，对环境友好型企业给予适当的补贴。通过制定经济政策，鼓励发展节能环保建筑，促进太阳能和建筑一体化在生产生活中的应用。研究新购置的节能环保设备的税盾作用，进行环境预算计划的研究设计，积极鼓励短缺资源的进口，充分利用相关能源。

在价格政策方面，要及时调整自然资源价格，提高不可再生资源相关产品的价格；完善差别电价政策，坚持少用电少收费，多用电多收费的原则，将电费收入上缴至地方国库，将其作为当地节能减排工作和经济结构调整的专项资金；对于高耗能企业，取消优惠电价政策，采用差别定价，鼓励其降低能耗；对于使用诸如生物质能、风能、太阳能等清洁能源的企业实行鼓励性电价政策。今后，我们必须积极稳妥地改革资源产品价格和环保收费制度，及时合理化地调整资源产品价格和排污费用。

在金融政策方面，金融机构要继续加大对节能环保企业的信贷支持力度，优先为循环经济项目提供融资服务。支持走循环经济之路的环保企业发行公司债券，积极鼓励开展废水处理项目收入债券和环境责任保险试点。

国内外经济环境复杂多变，中国企业应在稳定经营的基础上，鼓励实行低能耗、循环利用、少排放生产，不断推进循环经济建设。发展循环经济既是国家发展战略，也是企业的重大发展机遇。这是建设“经济中国”的必由之路。

章末案例

民和股份：循环成就产业未来

一、公司介绍

山东民和牧业有限公司（简称民和股份）成立于1985年，曾被授予全国优秀畜牧企业等多项荣誉，其前身是农业农村部山东蓬莱良种鸡示范场，在中国的农业中居于重要地位。近年来，公司积极采取循环经济策略，共同分享多家知名的国内企业拥有的资金和技术优势，投资建设鸡产业一站式项目。随着这些股份公司的建成和运营，公司的竞争力和盈利能力将进一步提高。

二、民和股份的广阔前景

当前我国经济发展过程中面临着许多问题，如资源环境压力大、发展方式粗放等，因此转变发展方式，落实循环发展理念是当前最为紧迫的任务。经过多年努力，循环经济领域又多了生物科技公司这员大将，这员大将逐步成为畜牧行业循环经济发展模式的领军企业，多次被评为中国循环经济协会典型案例，这显示了生物科技公司实力的不断壮大，在循环经济发展领域有了广阔前景。

1. 独特的循环发展模式

高效的循环发展模式有利于生态文明的建设，并能够推进绿色发展。在经济全球化的情况下，发展循环经济是当今世界各国的共同趋势。民和股份坚持在发展中实施保护，在保护中促进发展，积极推进循环经济，不断探索新型生态化道路，全面推进公司环保工作。“鸡—肥—沼—电—生物质”的循环经济发展模式是民和股份的特色。设立生物科技公司，使得民和股份成为行业内率先拥有完整生态农业循环产业链的企业。产业链前端来源于自然，末端回报于自然。产生的沼气一部分用来发电，一部分是生物天然气。沼液资源化利用变成叶面肥再返田，可以做到零污染、零排放，形成生态循环产业链，如图1-13所示。

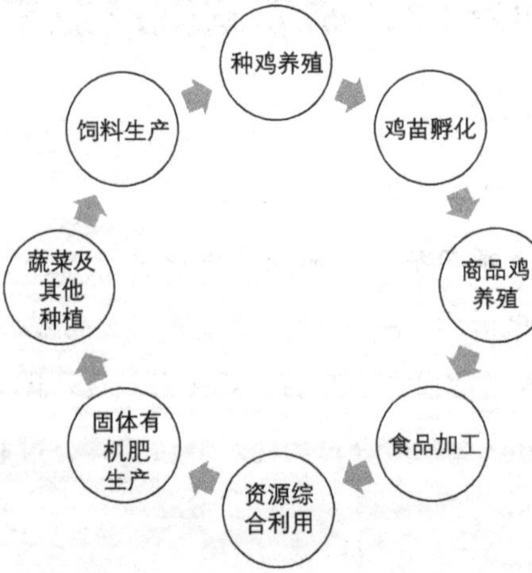

图1-13　民和股份循环产业链

2. 产学研深度合作

公司非常重视与高校、科研机构的合作，已经和多家高校科研院所与实验室建立了广泛深入的研究合作，不断加大的研发投入为公司循环经济产业的发展提供了强有力的技术支持。公司通过研发出来的独特技术，利用排放出的废物来生产新产品，这既提高了废物的回收利用率，又解决了环境保护问题，增强了公司的盈利能力，提高了公司可持续发展能力。公司也通过对取得重大科学贡献的人员给予一定的优待，从而培养了一大批专业人才。

3. 智能化鸡苗孵化，优化环境提高质量

科技创新有助于推动现代畜牧业的转型升级，是促使企业不断进步和发展的动力源。而民和股份始终都在进行畜牧业的转型升级，它引进了国外最为先进的设备和系统，建立了商品鸡孵化基地，最大限度地利用先进设备和现代化、智能化的智能系统，使得孵化性能得到很大提高，这大大优化了商品鸡的生产环境，不仅节约了能源，还提高了产品质量。

三、结论与启示

民和股份不断深入推行循环经济模式，加强自身能力建设，使整个生产消费过程不产生或只产生很少的废物，逐步缓解了长期经济发展带来的环境与发展之间的尖锐冲突。

第一，促进国民经济发展。企业的经济效益与国民经济的发展密切相关，企业发展决定了中国特色社会主义道路的进程，是中国特色社会主义经济的“支柱”。在中国经济发展的道路上，企业发展一直是国民经济中的“领头羊”和关键领域的“压舱石”。改革开放以来，企业不断加大投入，不仅在自身实力和竞争力方面取得了长足进步，而且促进了我国经济社会发展，在科技、国防等方面也取得了重要成就。

第二，发挥人才优势。循环经济与我国国情十分切合，是切实可行的

战略模式，也是我国未来经济发展的必然选择。要不断加大研发经费的投入，大量培养创新领军者，并对他们给予各方面的支持，为企业带来了一系列创新成果。采用更为宽松的管理制度，更加丰厚的研发经费，把创新人才的创新动力彻底激发出来，带来一系列的创新产品与创意点子，这些创新成果的不断涌现，推动民和股份循环经济业务创新升级。企业要通过掌握先进的循环利用技术，来实现对社会的责任，完成经济价值和环境价值的和谐统一。

第三，构建企业的标准化模式。循环经济的根本目的是以少获多，即在生产生活中尽可能少地投入资源，获得尽可能多的收益，从而改善资源的浪费现象。废物的回收只是为了降低废物的最终处理压力。企业要寻求更具适用性的发展方案，推动循环经济的构建。循环经济非常重视基础能力模块的建设，不断加强服务、数据等方面的标准化。从市场的角度来看，由于标准化的引入，消费者受益颇多；从行业的角度来看，能改善当前环境现状，越来越多的企业投入到闲置经济的循环发展中，从而延续了商品生命周期的循环，所以说标准化标志着行业的成熟，也成为行业健康发展的必由之路。

第二章
循环经济国内外经验

随着经济全球化进程的加快，许多国家都在经历着社会经济快速发展、人民生活水平持续提高的过程，而在社会快速发展的同时伴随着人口激增，需求扩大，由此，使人类社会的经济、社会和文化发展日益受到地球资源有限性和环境承载力的制约。人类面对社会与自然界的资源约束与生态环境危机，开始对发展方式进行理性思考。随着经济全球化进程不断加快，很多国家都一边享受着经济社会快速发展带来的人民生活水平不断提高的好处，一边又面临着经济快速发展带来的资源过度消耗、生态环境持续恶化的问题。社会经济的快速发展往往伴随着人口的激增和需求的扩大，这带来了自然资源和生态环境危机的束缚，使人们对当前的发展模式进行反思，积极探索科学有效的农业循环经济发展方式，为推动循环经济的发展奠定了理论与实践基础。

发展循环经济，一般消费者的作用不可低估，你消费的选择决定了我们经济社会运行的规则和经济社会发展的走向。发展循环经济要在商业流通消费领域倡导绿色消费。

——杜丹德（Daniel J. Dudek）

开篇案例

TheRealReal：醒来的消费者造就了醒来的投资者

一、公司介绍

2011年，公司创始人兼首席执行官朱莉·温赖特（Julie Wainwright）在家中创办了TheRealReal，是全球最大的认证、寄售奢侈品在线市场，不仅在质量和工艺方面有优势，而且在可持续性和社会发展方面有着广阔前景。

TheRealReal通过客户之间直接交流进行奢侈品的转售，并创建了值得所有买家信任的网上市场。在过去的几年里，他们不断增加人才技术投入，创造了自己的技术平台，培养了一大批专业的技术人才。他们策划了独具特色的二手奢侈品供应模式，这是TheRealReal所特有的，包括服装、首饰和艺术品，合作品牌包括Gucci、Chanel、Hermès、Prada、Saint Laurent、Tom Ford、Valentino和Cartier等众多知名奢侈品牌，正在逐渐成为世界上最大、最值得信赖的认证奢侈品市场。

二、TheRealReal，循环经济独角兽

服装行业非常有利于循环经济的发展，随着经济的不断发展，当代消费者对服装的选择消费也在不断增加，这就造成了大量的资源浪费。发展服装循环经济能够缓解或消除资源的浪费，并进行持续的利用。这一趋势让TheRealReal拥有了独角兽的身份。

第一，独特的目标。循环经济的一个很好的目标就是服装行业，因为它造成了世界上很大一部分污染。每年大量服装被丢弃，造成了大量温室气体的排放，对环境产生了严重的影响。所以在服装行业发展循

环经济，提高大众对循环理念的认识，有助于TheRealReal的发展。例如，巴宝莉的交易就是要确保循环经济是一个虚拟的循环，让顾客对品牌终身忠诚。

第二，TheRealReal强调真实。公司采用了十分严格的身份验证系统，通过聘请专业的品牌鉴定专家、宝石鉴定师和手表制造商等来证明货物的真假。该公司创始人温赖特认为，这是公司成功的关键，并对服装行业产生了毁灭性的影响，这也是在奢侈品市场创造巨额销售额的一种方式。这种真实就像是一种诚信，是价值观中最重要的一点，是企业沟通的桥梁，能够调动员工与客户的积极性，增强企业凝聚力和客户与企业间的信任程度，从而拉近了它们之间的关系。随着企业的发展，这种真实促进了企业与客户间相互尊重的关系，促进了企业的生存与发展。

第三，开放合作多方借力。众人拾柴火焰高，一个人的力量是有限的，企业的发展也是一样，企业除了依靠自己的核心渠道和优势资源外，还要采取开放的战略，利用外在力量进行变革，实现双赢。

TheRealReal发挥自身优势，与相关领域的专业机构进行了公开合作，不断提高自身的服务水平，建立了自己的战略定位，形成了独具特色的核心竞争力。

三、循环经济的构建

坚持科技领先战略，实施技术改造，为发展循环经济、打造绿色企业奠定基础。发展循环经济是一个经济、技术与社会相结合的系统工程，必须依靠科学技术的进步，不断创新。转型升级工作复杂，涉及企业运营的一系列环节，如市场定位、原材料加工、盈利模式、组织管理等。在系统调查的基础上，根据企业的实际情况，TheRealReal提出了要成为二手经济的新力量的战略目标。TheRealReal通过技术创新，一直在加强产品和服务的升级，不断提高产品质量，拓展市场，大力发展循环经济。

工欲善其事，必先利其器。构建循环经济，发展绿色技术体系，提高废弃物回收率，降低产品综合能耗，提高资源利用率等，TheRealReal通过提供二手产品的销售，使企业处于领先水平，实现循环经济发展。

无论是二次出售还是修理，它们都是商品生命周期的延续，其最终目的都是使原商品的价值得以循环利用，从而促进循环经济的发展。

四、结论与启示

第一，用户数据驱动资源整合。TheRealReal的成长分为四个阶段：完善的用户场景、数据积累、爆炸性的收入增长和规模盈利。目前，TheRealReal仍处于数据积累阶段。除了传统的资金以外，在二手经济领域还可以获得足够好的客户资源，这是二手经济发展的基础。在吸引客户之后，要采取有效的方法留住客户，让他们为二手经济买单。

第二，质量保证，吸引顾客资源。人为本，质做基，质量是企业长远发展的根本。TheRealReal认为质量是企业之本，将其作为企业发展的灵魂，它严格把控每个环节，确保优质商品的提供，这为公司树立了良好的信誉，使公司能够在激烈的市场竞争中立于不败之地。

第三，优质服务，促进企业发展。TheRealReal非常注重用户的体验感，在质量有保证的基础上，提供让客户满意的服务，从而提高客户忠诚度，避免了客户流失问题，使企业业绩不断创造新高。

第一节　国外循环经济之道

从循环经济的理念被提出以来，发达国家不断提高对它的重视程度，影响了国家在国际市场上的竞争力。从20世纪末开始，循环经济在发达国家的地位越来越高，已然成为新世界的潮流和趋势。德国、日本、加拿大和美国已逐渐在循环经济的主张和实践中占主导地位。

一、整体开放性：百花齐放，芳香四溢

要走可持续发展道路，就必须发展循环经济，可持续发展与循环经济之间的关系是十分紧密的。20世纪中叶，发达国家的工业化程度大大提高，生产和消费量也在增加，这导致资源的大量消耗和污染物的大量产生，这引起了国际社会的广泛关注。目前，无论是在生产、流通还是消费环节，都有循环经济的身影，发达国家在这些环节中全面推进循环经济发展，如图2-1所示。随着各国循环经济的推进，发展循环经济已经成为全人类的共识，循环经济开始百花齐放，芳香四溢。

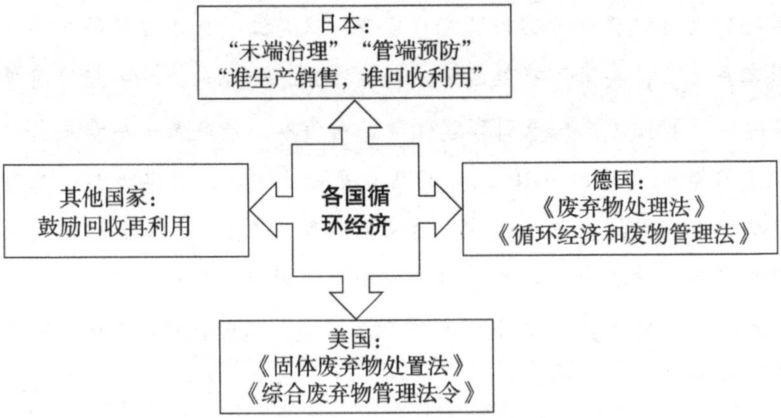

图2-1　各国循环经济举措

1. 日本的循环经济

20世纪70年代，面对日益恶化的环境，防止生态环境进一步遭到破坏，日本提出了“末端治理”“管端预防”的处理方法。到了20世纪90年代，日本面对不断恶化的环境，开始寻求一种可以持续发展的方式，

提出了可持续发展战略，并把发展循环经济作为战略实施的重要途径与方式。随着清洁产业的蓬勃发展，生态工业竞相涌现，日本的循环经济理念开始深入人心。发展循环经济为日本创造了数万亿日元的产值，提供数千万个就业机会，促进了国计民生的发展。此外，日本还颁布相关的法律法规，循环型社会的建设提上日程，并纳入有关法律体系，从而实现循环型社会这个目标。

在上述国策和立法下，日本制定了相关规定，加快落实生产销售与回收利用的责任问题，其中规定，消费者需要为报废电器支付回收和再利用的有关费用。这样可以提升家电的使用年限，也能提高家电产品的质量。设计师在设计产品时会更多地考虑环保和回收的方便性，与过去相比，家电产品对资源的使用已经大大减少，更多易降解材料加快了回收的分解速度。

2. 德国的循环经济

在发展循环经济的国家中，德国始终名列前茅，处于领先地位。早在二十世纪七八十年代，德国就制定和颁布了有关废弃物处理的相关法律，开始重视如何减少甚至避免废弃物的产生。之后又颁布了废弃物的产生与承担责任制，以及政府的责任。有了严格的法律法规的支持，德国的家庭废弃物利用率开始明显上升。此外，在冶金行业，越来越多的废旧钢材被重新用于生产新的钢铁产品。同时大力宣传循环经济的有关理念，将循环经济引入教育中，积极开展与循环经济有关的信息咨询服务等。德国的“双轨制回收系统”和“德国联邦废物处理工业协会”就是循环经济取得了成功的例子。该组织和协会为社会提供了关于技术方面的咨询，又提供了垃圾回收利用的方法。德国在废弃物处置方面无疑是非常成功的，每年能够创造数百亿欧元的营业额和几十万个就业岗位，带动了德国的经济发展。

3. 美国的循环经济

在循环经济的发展方面，美国也有值得借鉴的地方。它先后制定和颁布了一系列的法律法规，对废弃物的处理目标与未达标的惩处做了相应的规定，这也极大地提高了美国对废弃物的回收利用率，促进了美国循环经济的发展。

4. 其他国家的循环经济

日本、德国和美国针对循环经济的相关立法对其他国家产生了一定的影响，各国开始反思自己的政策，欧盟和北美的一些国家先后制定有关法律来鼓励二手产品的回收利用，同时，设定具体的包装废弃物的再生目标。有了法律的支持，这些国家的回收利用率也得到了极大提高，促进了循环经济在世界的发展。

专栏2-1

日产公司：人、车、自然共生

一、公司介绍

日产又称尼桑，是由鲇川义介创立的日本的一家汽车生产制造商，当前它的汽车制造基地遍布多个国家与地区，并为这些国家和地区提供产品和服务。

公司经营范围广泛，包括汽车产品和船舶设备的制造、销售及相关服务业，现任首席执行官是卡洛斯·戈恩。雷诺和日产在1999年建立了独立的合作伙伴关系，在各个领域都有它们战略合作的身影。通过该合作关系，日产将其业务范围扩展到世界各地，并促进了其经济规模的显著增长。

二、日产的理想蓝图

循环经济与可持续发展是相互促进、相互发展的关系。二者都强调经济与自然和谐共存的重要性。它将经济、技术、自然融于一体，创造出循环经济系统。日产公司希望造就一个人、车、自然共生的美好局面。

1. 环境保护的根本之道——循环经济理念的贯穿

作为一家汽车公司，日产始终将循环经济的理念贯穿其中，始终体现着环保的理念。传统的经济模式盲目追求企业利润最大化，不断投入大量资源，不关注这种做法带来的影响，对产生的环境问题，也只是在事后草草治理了事。而真正的循环经济不仅是解决问题，而且是提前规划。日产汽车始终将环保这一理念贯穿于产品生产和销售的全过程，十分重视生产销售会给环境带来的影响。有了这一理念的支持，企业才能真正将环境保护落实到经济生活中。

2. 从小到大的环保设计——从零件到整体机型的可回收性设计

在开发阶段，日产公司十分重视对材料的开发利用，采用可回收设计，对各种材料的使用都进行充分的考虑。日产非常重视循环经济，希望能够使用可回收的原料进行生产。在材料选择方面，不断分析比对，选择了最适合的可回收材料，即使是非常小的零件，也十分重视。

3. 废弃物的分类回收处理——建立车间分类回收的典型流程

垃圾分类开始盛行，但做得最好的还是日本。不管是什么类型、如何产生的垃圾，都要对其进行合理精细的分类，从而使部分垃圾能够得到很好的重复利用。日产公司认为，混在一起的是垃圾，但是分开后就成了可以利用的资源。公司严格把控生产过程中的各个环节，对各环节产生的垃圾废弃物进行合理的分类回收，这大大提高了公司对资源的利用率，有利于循环经济的发展。

三、将循环经济带入生活

日产作为大型汽车企业，非常重视循环经济的有关概念，不仅在汽车制造过程中有环保的理念，而且身体力行，积极组织和参与环保活动。日产汽车代理店也经常开展环保活动，不断提升企业环保意识。在创造利润的同时，兼顾社会和环境的影响，并始终坚持这一理论。只有把循环经济的理念应用到日常生产实践中，才能真正实现“循环经济”。

就像日产汽车一样，只有不断发挥出循环经济的优势，吸引各企业的目光，才能从根本上带动企业参与到循环经济中来。

二、动态相关性：产业合作，优化调整

循环经济一开始盛行，就得到许多国家的积极响应，也在企业界中发挥了重要作用。许多西方企业积极探索对循环经济有效的运用，形成了一些良好的经营模式。目前世界上的循环经济模式主要有四种。

1. 美国杜邦化学公司模式

要同时兼顾生态效益和经济效益是很困难的一件事，必须不断加强企业内部的资源流动，实现二者的和谐统一。企业内部的物资流通是在微观层面上延伸企业的生产链，在生产过程中减少材料和能源的使用，尽量提高资源的利用效率，减少废弃物和有毒物质的排放，延长资源被使用的周期，提高产品的耐久性。在20世纪80年代后期，美国杜邦化学公司的研究人员把工厂作为一个实验室，创造性地研究发展循环经济的3个原则，将“3R制造法”与化工相结合，达到环境保护，甚至“零排放”的目标。到1994年，通过减少使用对环境有害的一些化学物质，该公司发明了一种循环利用公司产品的新方法，使公司生产过程中产生的废弃物大量减少，并从废弃物中回收化学物质，开发出新产品。实现了

企业内部资源的循环利用，减少了污染物排放，部分实现了零排放。

2. 丹麦卡伦堡生态工业园区模式

根据工业生态学原理，通过物质、能源企业和信息的集成，能够形成行业之间的代谢和共生耦合关系，工厂的废弃物或副产品可以成为另一个工厂的原材料和能源，丹麦的卡伦堡生态工业园区就是这种关系最成功的例子。其方式是将不同类型的工厂连接起来，形成一个资源共享、副产品交换的产业共生体系，使一个工厂的废弃物可以成为另一个工厂的原材料和能源，如图2-2所示。

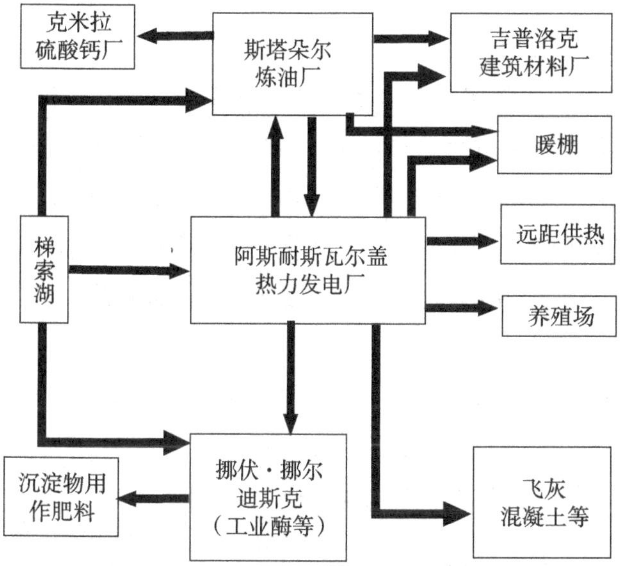

图2-2　卡伦堡共生体系物流交换

丹麦的卡伦堡生态工业园区是世界上最典型的工业生态系统运作的代表。这个工业园区存在以下几个工厂：炼油厂、制药厂、电厂和石膏板生产厂，以这几个工厂为核心，将另一方生产过程中产生的杂质或副产物作为自己的原材料使用，这可以减少废物的产生和对它们的处置成本，从而获得良好的经济效益，并实现经济与环境同时向好发展。卡伦堡生态工业园区也进行了水资源的循环利用，通过管道将净化处理后的废水输送到电厂，每年可为电厂节约大量的冷却水。整个工业园区循环利用水资源，大大减少了每年的用水量。这一回收网络降低了相关企业的成本，减少了该地区的污染。以废弃物或副产品为原料，对经济与环境产生了积极的影响。

3. 德国DSD回收再利用体系

德国的包装物双元回收体系（DSD）是一个中介组织，它的主要业务是回收和处理包装垃圾。它将与包装生产废弃有关的企业连接成一个网络，在需要回收的包裹上做上标记，一般是以绿点为标记，然后由DSD对有标记的包装进行回收处理。只要包装上有标记存在，就必须支付相应的处理费，表明它们参与了“商品包装回收计划”。这种用标记代表回收的方法，表明了制造垃圾的人必须为自己的行为埋单。由企业支付的“绿点”费用被DSD用于收集包装垃圾，然后进行清洁、分类和回收。

DSD系统大大提高了包装回收利用的效率，也减少了废弃包装的产生。政府的相关规定使废物循环再造率每年都在提升，包装垃圾每年都在下降。DSD系统在垃圾回收利用方面无疑是成功的。

4. 日本的循环社会模式

环境保护技术和产业的发展已经进入了一个新的阶段，其社会结构已经开始改变。传统经济社会的“大量生产、大量消费、大量废弃”情况已不适用于当前的发展，开始逐渐转向循环经济的低环境负荷，走上经济社会可持续发展的道路。日本建立了以政府为主体，企业和个人为重点的循环社会模式。其中，政府在循环社会模式中处于核心地位，不但需要制定有关的战略规划，制定各种政策法规，同时还要承担企业的社会责任，积极引导公民的环保意识，如图2-3所示。

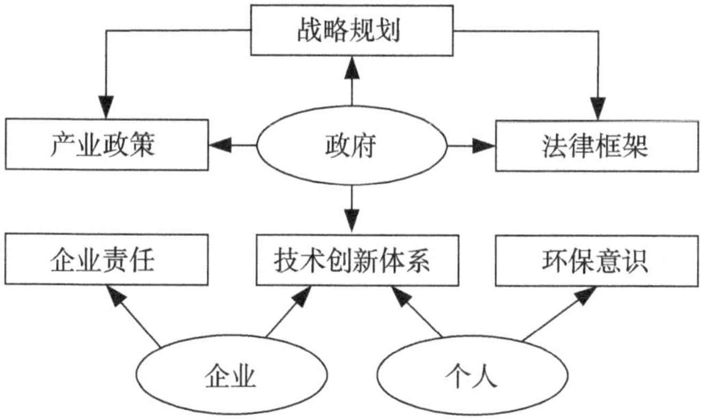

图2-3 日本的循环经济战略体系

企业消耗了很多资源，并产生了大量的废弃物。因此，在日本循环经济战略体系中，企业扮演的是实施主体的角色，它的任务有四点。第一，承担生产者的责任。相关企业生产者必须自觉回收资源，并承担改善产品和容器使用期限的义务。第二，广泛的环境核算。环境会计是根据有关法律法规分析环境与投资的关系，定量分析和确定环境维护成本和开发效益，编制环境报告，并对外进行披露。第三，企业应及时向公众发布环境报告，敦促企业加强自身环保行为，制定相应措施来应对报告中存在的环境问题，提高企业在公众心中的形象，从而提升企业的竞争力。第四，申请国际环境认证，通过建立环境管理体系并积极采取行动，倡导企业开展绿色生产。

三、层次等级性：制约耦合，生态平衡

资源的流动是具有组织层次性的，循环经济可以分为企业、生产基地等经济实体内部的“小循环”，产业集中区域之间以及产业之间的“中循环”，包括生产、生活领域在内的整个社会的“大循环”三种模式。它们之间的关系如图2-4所示。

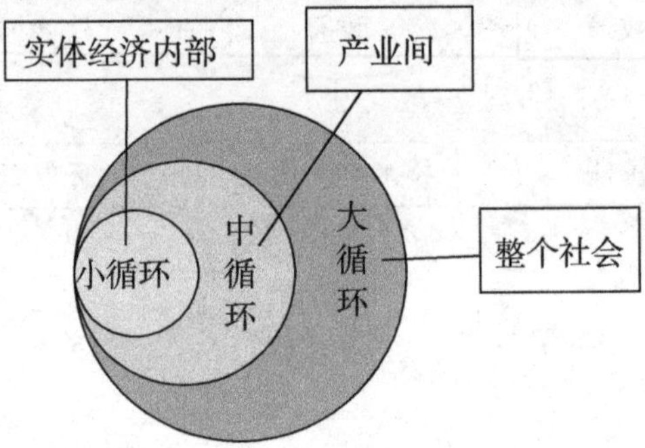

图2-4　循环经济三种模式间的关系

1. “小循环”模式

1992年，世界企业可持续发展理事会在提交给里约热内卢会议的报告中提出了“生态经济效益”这一新概念。这一思想的实质是在企业的生产层面组织物质和能量的循环利用，从而使污染排放量最小化。可持续发展理事会建议企业要注重生态效益和经济效益：一是尽可能减少生产过程中物质资源的使用；二是尽量减少生产过程中的能源消耗；三是不断增强对可再生资源的利用；四是要提高物质的多次利用能力；五是尽量减少甚至避免有毒物质的排放；六是要生产更加耐用的产品。

WBCSD是由多个国家工业部门的企业组成的联盟。在最大限度地获得生态经济效益这一共同理念下，有效地推动了企业层面的循环经济实践。许多公司在生产中都开始减少物质能源的投入，采用各种循环的

办法减少成本。由于租赁可以降低生产系统的能耗，因此以租代销也成为热门。从销售产品到提供服务的转变，是循环经济“3R”原则的充分体现。

2. “中循环”模式

福罗什和加劳布劳斯在1989年首先提出了生态工业园区这一新概念，要求企业之间要加强对废物产出与投入关系的研究，以便相应措施的提出与实施，它的实质是通过循环经济的思想，在企业的共生层面组织物质和能量的流动。例如，丹麦的卡伦堡生态工业园区结合了不同的工厂，形成了一个可以进行资源共享和副产品相互交换的生态产业链。当前在世界的许多国家都有类似的工业园区的存在，它们主要集中在美国，为世界其他国家提供了借鉴经验。欧洲、亚洲一些国家也在积极建设生态工业园。

3. “大循环”模式

为了走可持续发展道路，充分利用各种资源，缓解世界能源危机，许多国家都制定并颁布了相关法律法规，来促进循环经济在本国的发展。德国与日本首先颁布了有关环保的法规，强调生产过程的重点是避免废弃物的产生与对废弃物进行多次重复利用的处置方法。美国在颁布有关的法律规范后，各州为响应国家号召，纷纷制定了基于本地实际情况的不同形式的资源再生循环法规。21世纪是以循环经济为主导的世界经济，多种废物回收方法推动了基本法的制定，为建设回收社会奠定了基础。

专栏2-2

特变电工：靠创新走向世界

一、公司介绍

特变电工是国家级别的高新技术企业，在中国具有举足轻重的地位，公司规模巨大，现有员工2万余人。公司积极践行“一带一路”倡议，希望能与世界分享我们国家的先进电力建设的经验，为全球能源行业提供行之有效的方案。先后为多个国家和地区提供了具有高新技术的能源装备，为其电厂的建设提供了一系列系统的解决方案，推动了绿色电网在各国的建设，为各国民众带来了福音，促进了当地经济的发展。

二、特变电工“绿色工厂”

特变电工始终将生态环境放在经济发展的第一位，坚持生态保护优先、绿色循环发展的先进理念，不断推进生态文明和环境保护在我国的落实，将循环的理念贯彻于生产中，不断研究节约资源的有效方式，提高资源利用率，减少污染的排放，促进循环经济体系在我国的建设。企业采取措施加强宣传培训，积极指导企业标杆的建设，向社会各界推广先进典型经验，引导企业发展循环经济。

第一，供应链体系建设。特变电工制定了材料分类标准、材料分离与比较规则、变压器材料标准化规范。它根据产品生命周期的概念，加大对变压器绿色选材技术的研究、绿色材料的应用，全面实施循环制造。特变电工一直专注于研究可回收的材料用于变压器的技术，并在开始能源管理示范的同时，进行了节能环保替代和设备转换，以及基本的数据库建设。

第二，工艺改进。特变电工通过增加科技投入，不断优化生产程序，提高资源使用效率，使生产工艺得到改进，对整个电力系统的节能减排具有十分重要的意义。工艺改善后，可采用降低能耗的方法，推进循环经济的建设。

第三，开展能源管理体系建设和认证工作。对生产过程中可能产生巨大能耗的设备，进行严格的控制和优化管理，并通过建立相关的能量流数据库，完善实现能源管理的数字化和精细化，为特变电工发展循环经济，贯彻循环理念，成为国内领先的电力发展企业提供支撑保障。

三、循环经济开拓进取

电工行业在我们的社会生活中具有非常重要的作用。其产品种类繁多，对资源、能源消耗和环境产生了巨大影响。当前的工作重点就是努力提高资源利用效率，减少废物排放，将循环经济理念贯彻到生产生活的方方面面，增强企业的国际竞争力，实现企业的可持续发展。

第一，开展理论研究。继续围绕循环经济重大问题开展研究工作，重点研究循环经济建设的管理体制、政策等软科学，研究当前电力行业发展循环经济的方法和管理所需的政策支持。研究如何提高工业产品生产过程的再循环效率，探索发展循环经济行之有效的模式。

第二，做好重点领域的关键技术和标准体系研究。要基于技术状况，贯彻以市场为导向，以企业为代表的政策，积极响应行业的号召，利用行业协会所拥有的优势，对重要领域的标准体系进行研究和制定，实现对科学技术的研究和创新。

第三，加强法规标准体系建设。结合国情，与政府有关部门密切配合，研究和建立完善的循环经济法律法规体系并提供相应的技术支持，制定节约资源的有关法规，促进资源的高效利用。要鼓励重点企业积极推广清洁生产，使清洁生产成为企业生产的主要手段，建立健全与循环经济有关的指标评价体系，并对循环经济的发展提供客观公正的评价。

基于各行业的特点与实际情况，研究并制订切实可行的循环经济的实施方案，实现经济的可持续发展，从根本上解决发展与环境的矛盾。

第二节　国内循环经济之道

面对经济发展中存在的资源消耗大、污染排放率高和资源环境约束的问题，中国开始寻求转变经济增长方式的方法，走循环经济发展的道路。我国认识到资源利用的重要性，开始将“减量化、再利用、资源化”的原则贯穿于生产中，创造出一种与传统增长方式完全不同的新的经济增长模式。中央经济工作会议曾提出要大力发展循环经济，这说明缓解我国资源总量短缺局面的紧迫性，也说明循环经济这一理念已经深入人心，将会影响中国未来经济发展的方向。

一、引进—启动—推进：循环经济演进性

我国历史十分悠久，在很早以前就存在与循环经济相关的经济模式。由于生产力比较落后，对资源的开发利用也处于较低水平，导致资源被大量浪费。所以人们逐渐开始培养废物综合利用的习惯，并形成了以节约资源为基本出发点的简单循环经济理念。但随着工业化的不断发展，资源和自然环境已岌岌可危，所以不得不采取紧急措施来缓解当前的现状，形成可持续的经济模式。中国现代循环经济的演进大体上可以分为三个阶段，如图2-5所示。

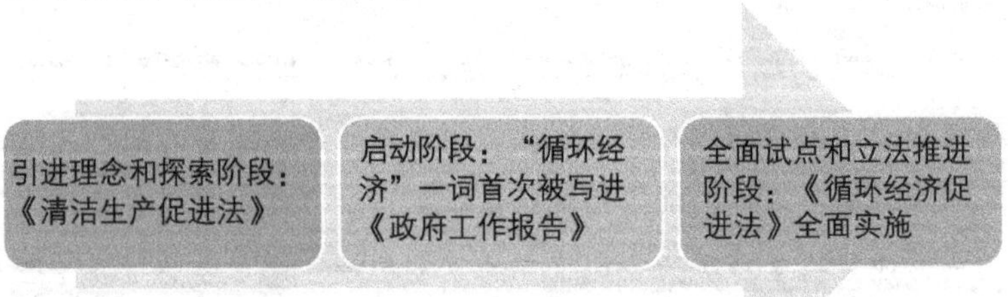

图2-5　中国循环经济的演进

第一，引进理念和探索阶段。从20世纪90年代到21世纪初，循环

经济理念引入我国。但“循环经济”具体出现的时间，并没有准确的说法。20世纪70年代，我国的一些生态工程公司就开始进行资源的综合利用，通过末端处理来控制污染，循环经济的理念在那个时代就已经开始萌芽。在随后几年，国家也渐渐提到了循环经济的相关概念，在1999年国家起草了相关法律，正式拉开了循环经济在我国发展的序幕。

第二，启动阶段。21世纪初，资源短缺问题和环境污染问题十分严重，中央政府为了缓解危机，提出了要大力发展循环经济的倡议。之后又在各种会议上对循环经济的发展问题进行深化。2004年在第一次循环经济工作会议上，国家发展改革委明确了循环经济的本质，提出了循环经济逐步发展的必要性和紧迫性，以及发展循环经济所采取的政策。随后，各机构围绕环境和资源两大问题，对循环经济发展的方向、方式和路径进行了研究和论证，进一步阐明了发展循环经济的重要性，并将其作为实现可持续发展目标的基本手段。

第三，全面试点和立法推进阶段。从2005年开始，发展循环经济重要性开始在各类会议上被频繁提及，且有关政策法案不断出台。发展循环经济所要达到的目标和任务也在多项规划中被提及，并成立了第一批试点。2009年《循环经济促进法》正式实施，标志着由基本法律保障的循环经济进入快速发展新阶段。

专栏2-3

海南橡胶：探索发展立体循环经济

一、公司介绍

海南天然橡胶产业集团有限公司（简称海南橡胶）成立于2005年，注册资金42.79亿元，是一家集天然橡胶研发、生产、销售为一体的大型综合性企业集团。海南的橡胶产业起源于1906年华侨创办的琼安橡胶园和蔡惠橡胶园。它传承了海南农垦多年的产业基础。

110多年的橡胶树历经百年沧桑，如今依旧傲然挺立，一代又一代的橡胶业人在海南岛开拓创新，开创了新中国天然橡胶产业的先河。他们也经历了一次次的涅槃和从无到有、从小到大、从弱到强的蜕变。

二、海南橡胶的循环经济产业链

产品链是循环经济产业链的基础和核心。产品链是在生产过程涉及的初级原材料和产品的加工、深加工和后处理过程中形成的，这不仅可以提高产品的最终价值，而且有助于降低能耗和生产成本。

第一，产品链的构建。海南橡胶形成了自己的产品链和产业链，通过调整产业结构，延伸了橡胶产品链。但橡胶木产业链存在大企业原料消耗多、供应不足，小企业资源浪费这种不平衡的情况。因此，应对橡胶木材资源实行市场化配置，使橡胶木材资源能够得到合理高效的利用，应从原料种植、收集等方面完善海南橡胶产业链产品结构和产业布局的完善。

第二，废物链的构建。当前天然橡胶资源和石油资源较为短缺，应综合利用废橡胶制品，使其效用最大化，如图2–6所示。应根据海南经济发展的特点，适当考虑废橡胶的原形利用，以此缓解再生胶和胶粉生产能耗大、污染严重、环保制约等因素带来的不利影响，可以将废橡胶用于多个电厂、水泥厂等企业，建立相应的废橡胶回收渠道。

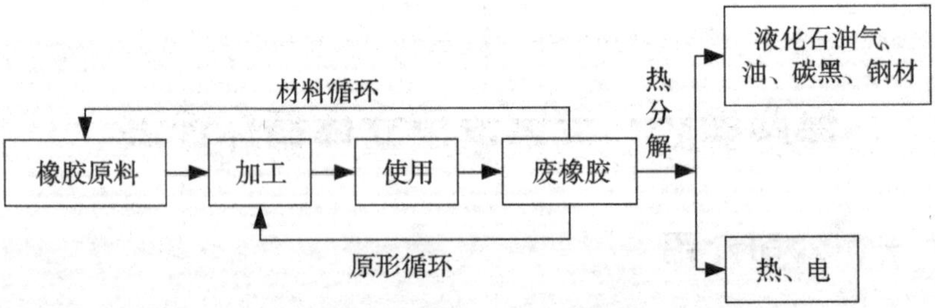

图2–6　废弃橡胶的综合利用

三、循环经济化解发展瓶颈

循环经济的发展有利于提高资源的综合利用效率，它是一种能促进环境与社会和谐发展的经济模式，能解决当前中国资源紧缺对经济发展制约这一难题，具有切实可行的现实意义。

第一，产品链是对资源的持续处理。由于区域资源具有分散性，因此考虑有效分配资源非常重要。通过促进资源的集中有效利用，有利于物流和能流的形成，有助于提高资源转化率。通过政治、法律和经济等手段将分散资源集中起来，但是要兼顾资源利益的公平分配，避免顾此失彼，从而造成垄断企业的形成。资源优势和区位优势极大地丰富了产品链的结构，必须有效保护资源生产者的利益，确保资源供给的连续性。

第二，废物链在产业链中是最不起眼的，废物链不仅能够控制污染，而且能将废物合理转化为有用的资源和经济效益，因此废物链经常带动了一个地区的产业发展。政府应建立相关机制，提高人们的思想意识，促进资源的合理利用和产业的有序发展。同时，需要建立合理的行业标准，使产品在各个环节都能够进行后续的使用。

循环经济产业链是利用与循环经济相关的原理与概念，根据企业之间的供求关系构建的产业链。它的特点是整个经济系统中物质和能量进行的闭环流动，这能够大大提高系统的生态效率。

二、资源—产品—再生资源：物质流动多重循环性

传统工业经济是一种进行“资源—产品—污染排放”的简单的单向流动的线性经济。这种线性经济具有投入大、收效小、污染物多等特点。人们贪婪地从地球上获取各种物质和能量，转身就把污染和废物扔进地球母亲的怀抱，不断地将资源转化为垃圾，通过污染自然环境为代价来实现经济增长。随着现代工业的发展，这种落后的生产和消费模

式肆意破坏全球环境，空气和水质被污染、温室效应、臭氧层遭到破坏等现象层出不穷。日益严峻的环境危机终于引起了人们的关注和焦虑，“拯救地球，保护我们唯一的家园”的呼声响彻全世界。

为了实现经济的可持续发展，我们必须坚持“资源—产品—再生资源”这一循环模式的发展。这种经济发展模式是与环境相协调的，它认为企业的经济活动应该是一个循环往复的过程，从而实现生产消费过程中物质流动的多重循环，实现最小的资源投入、最少的污染排放、最高效的废物回收，并强调经济系统和自然生态系统同时向好发展，从而达到利益最大化。它低开采、高利用、低排放的基本特征，大大提高了资源的使用效率，促进了生态环境的恢复，从而实现以最小的成本获取最大的收益。

“资源—产品—再生资源”模型强调要同时进行资源的开发与节约，并在传统直线型发展模式的基础上增加反馈机制。它要求企业从产品的诞生到废弃都重视资源与废弃物的回收处理和循环使用，在生产过程中采用先进技术对废弃物进行无害化处理，不断提高废弃物的回收效率。创新科技作为科学技术的发展方向，既要着眼于经济增长的目标，又不能忽略生态环境状况。可见，循环经济道路是实现可持续发展的必由之路。“资源—产品—再生资源”的作用如图2-7所示。

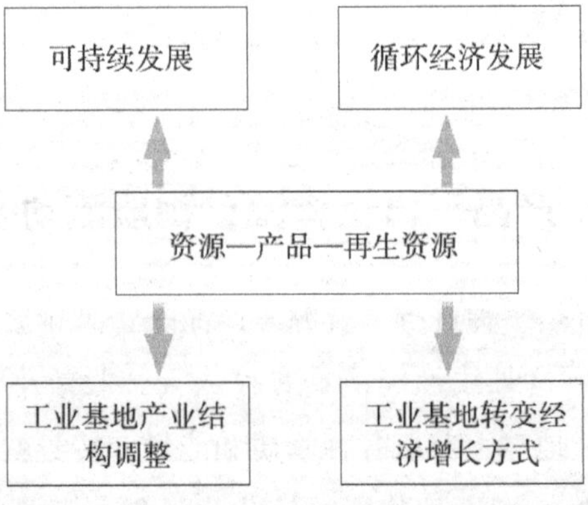

图2-7　“资源—产品—再生资源”的作用

1. 实现循环经济发展的需要

近年来，随着工农业的发展和人类对生态环境无休止的索取，生态环境问题日益严重。严重的水土流失、严重污染、严重的沙漠化，矿产资源的利用和自然环境的保护都面临着巨大的压力。许多矿产资源被过度开采，许多不可再生资源被迅速消耗。能源和有色金属等矿产资源的严重短缺无法满足振兴中国的工业所需的条件，从而影响一系列产业的发展。要解决当前问题，必须发展循环经济。循环经济强调要以最少的投入，最大限度地把原材料转化为产品，减少甚至消除生产过程中产生的污染。同时，可以通过提高技术和改进设备来促进资源利用率的提高。以循环经济模式来改革传统经济，有利于中国可持续发展。

2. 中国工业基地产业结构调整的需要

中国是一个以原材料和资源为工业基础的重工业和农业大国。中国的工业基地对自然环境的依赖十分严重，第三产业发展较为滞后。发展“资源—产品—再生资源”模式，可以带动相关产业结构的调整，解决三大产业资源消耗高、污染排放高、能源消耗高的“三高”问题，实现社会经济与自然环境的有机结合。

3. 中国工业基地尽快转变经济增长方式的需要

传统的经济增长模式具有“高开采、低利用、高排放”的特点，再加上其陈旧的企业管理模式、落后的科学技术、不完整信息化程度，导致企业在市场上的综合竞争力薄弱，这些问题严重影响了中国工业基地的振兴。这就要求在有限的资源存量和有限的环境承载力下，坚持循环经济的发展道路，在资源开发过程中，坚持“开发与节约并举、节约为先”的方针，不断加大技术人才投入，提升技术水平，培养高素质人才，提高资源的综合利用水平。创建以技术创新为主，能源利用效率高、资源综合利用率高的企业。

三、生态—经济—社会效益：综合利益的统一性

随着社会的进步，人类对自然的利用与改造程度也在不断提高。一方面，自然资源能够为人类社会进步和经济发展提供物质保障；另一方面，人类的欲望无休无止，难以满足，为追求社会进步和经济发展，人类不断破坏环境，致使环境退化。人类社会陷入一个怪异的旋涡：社会在进步，经济在发展，环境状况却越变越差。生态效益、经济效益和社会效益的平衡，有助于实现节能减排，培育可持续发展。循环经济的效益如图2-8所示。

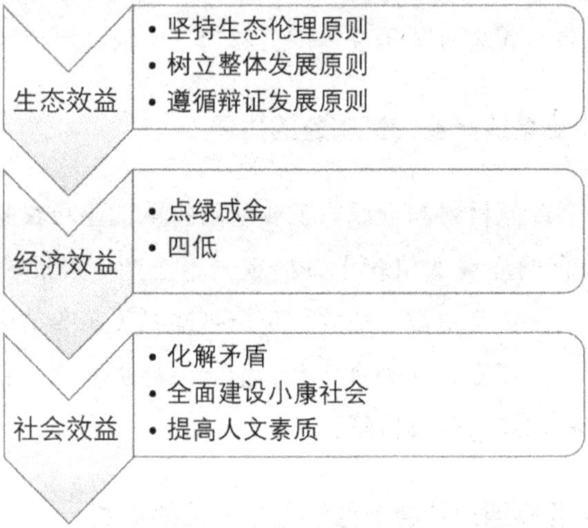

图2-8　循环经济的效益

1. 生态效益

循环经济是一种新的经济模式，它按照自然生态材料循环利用模式运作。其核心是有效利用资源，将经济的发展融入生态系统的物质循环过程中去，使经济活动具备生态效益。图2-9展示了循环经济生态系统的运行情况。

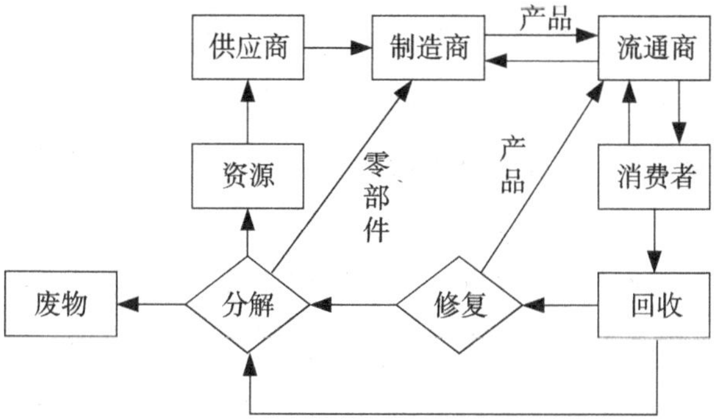

图2-9　循环经济生态系统

循环经济要求必须坚持生态效益优先的原则，是一种符合人民对美好生活向往的经济模式。无论何种经济发展模式都强调利益，并有着自己的利益观。与一心追逐利益、追求经济增长的传统的产业经济模式不同，循环经济不仅仅满足于对经济利益的追求，它还追求生态效益的最大化。如果没有良好的经济和环境效益，循环经济也就没有了价值和意义。我们必须从以下几个方面遵循循环经济发展的生态效益原则。

第一，坚持生态伦理原则。在经济发展的过程中，人类不应只考虑自身利益和需求，忽视了自然，而应当认识到自然生态系统对人类的生存和发展起着至关重要的作用。循环经济的生态效益原则要求人类必须将自身利益与大自然的整体利益联系起来，倡导生态“大我”的整体价值。在发展循环经济过程中，必须始终把自然环境放在首位，维持人与自然之间的平衡，积极促进人与自然环境之间的合作共生关系。

第二，确立全面发展的原则。循环经济从根本上改变了人们传统的思维方式和生产生活方式。循环经济秉持着生态是一个统一的整体这一观点，认为保护生态环境是经济发展的前提，要把生态效益水平作为衡量经济发展质量的一个重要指标。循环经济的生态效益原则就是在经济发展时，不得以牺牲环境为代价，必须正确理解和把握生态法律和经济法律关系，考虑到整个生态系统的生存和发展，合理开发和利用自然资源，自觉维护生态系统的稳定性。通过这种方式，不仅创造了丰富的物质财富，也创造了生态价值，提高了生态系统的自我调节和自我恢复能力。因此，保护生态系统能够推动更加合理的经济结构形成，使得经济社会与自然环境可以互促互进，和谐发展。

第三，遵循辩证发展原则。循环经济追求的是生产的生态效益，这就要求企业必须全面考虑经济与社会的协同发展，使经济与环境的发展在相互制约的同时，也能相互促进，协调发展。在坚持辩证发展观的过程中，要妥善处理好人与自然的关系，促进人与自然和谐共处，从而充分发挥循环经济的生态效益，这又反过来促进了人与自然的共同发展。要善于协调区域利益与整体利益之间的关系，同时考虑到经济利益和环境利益、当前利益和长远利益的关系，让循环经济得到真正的发展。

循环经济生态效益原则有助于形成符合社会发展规律、顺应自然生态规律的思维模式，逐渐改变传统价值观、传统生活方式和传统发展观念，促进人们向生态化的生活方式过渡。同样，循环经济的生态效益也有利于加强环境保护和促进社会进步，有利于发展先进思想，有利于促进经济社会走上可持续发展道路，推动整个社会文明的发展，从而丰富人民生活，创造美好生态环境。

2. 经济效益

促进循环经济发展，有利于促进全面建设小康社会的目标的实现，有利于国民经济实现全面、协调、可持续发展，调节人与自然的关系，实现人与自然和谐共处，推动社会经济的可持续发展。循环经济不仅能够带来环境效益，而且能带来巨大的经济效益。我国资源利用率与国际先进水平相比，仍然显得较为低下，这也是许多企业成本居高不下，而经济效益却难以提升的重要原因。目前，我国资源利用效率低下主要表现在以下四个方面：产出率低、资源利用效率低、资源综合利用水平低、再生资源回收率低。实践证明，资源利用水平低下是企业生产成本居高不下，从而导致经济效益低、竞争力差的最主要的原因。发展循环经济，转变经济增长方式，已成为我们当前面临的一项重要而紧迫的任务。

3. 社会效益

循环经济与其他经济模式有很大不同。在发展经济的同时，还要考虑社会效益的积累。那么，循环经济都有哪些社会效益呢？

第一，解决冲突。发展循环经济能够缓解传统经济发展模式所带来的环境与经济发展之间的尖锐矛盾。循环经济的“3R”原则可以推动生产方式的根本转变。从传统经济模式的角度看，重要资源主要掌握在少数发达国家和跨国公司手中，自由贸易比重较低。当前的问题主要表现在两个方面，一方面是当前资源有限，国内外资源供应比较紧张；另一方面是当前对于资源的利用方式不够合理造成了资源浪费问题。从循环经济的角度来看，在生产过程中并非所有资源都能消耗殆尽，还有很多资源变为废物残渣或产生副产品，因此必须发展循环经济，用循环经济的方式解决资源利用存在的问题，实现资源的重复利用。随着世界环境的恶化和资源成本的上升，清洁生产开始在企业中流行起来，以废弃物的综合利用为基础，大力发展循环经济，让生产活动造成的各种废物都可以在处理后重新进入生产过程。

第二，全面建设小康社会。发展循环经济是全面建设小康社会的客观要求之一。全面建设小康社会的四个目标分别是坚持可持续发展道路，重视生态文明建设，提高资源利用效率，促进人与自然的和谐发展。然而，当前的中国经济正面临着巨大的挑战，既有环境问题存在，也有社会民生问题存在。只有全面贯彻落实循环经济，大力促进清洁生产和资源综合利用，才能实现全面小康社会这一伟大的目标。

第三，提高人文素质。循环经济主要体现在经济活动的三个方面：企业层面（小循环）、区域层面（中循环）和社会层面（大循环）。大循环是宏观层次上的循环，是循环经济能达到的最佳循环状态，其目的是建立一个适应循环经济发展的“循环经济社会”，培育绿色循环产业是其要求之一。在追求生活质量的同时，人们不忘生态环境，提高保护资源和环境的意识，实现人与自然的和谐统一。循环社会的建立离不开公众意识的提高，其中信息交流和教育起着关键的作用，公民素质的提高有利于促进循环经济的发展。

近年来，通过多方面努力，我国当前的经济工作已取得了一定成效。在不远的将来，我国有望实现社会生态系统综合效益的最大化，实现经济的可持续发展。

专栏2-4

蒙牛：引领乳业循环发展

一、公司介绍

内蒙古蒙牛乳业（集团）股份有限公司（以下简称蒙牛）成立于1999年，总部设在内蒙古和林格尔县盛乐经济园区。作为中国领先的乳制品供应商，蒙牛专注于研发生产适合国人的乳制品，连续10年位列全球乳业20强。蒙牛成立20年来，已形成了各种形式的产品矩阵系列，拥有特仑苏、冠益乳、真果粒等大家耳熟能详的产品品牌。

乳业是实现“健康中国梦”的必要前提。蒙牛将消费者放在首位，并着力提升各方面能力，推动高质量、高水平发展，为提振中国乳业当好“排头兵”。

二、蒙牛的循环之路

循环经济是社会生产和再生产的活动，它重视资源的有效利用、污染的低量排放和环境的友好性。借鉴国际主流循环经济管理经验，蒙牛成立了相关委员会和工作组，指导和推动可持续发展工作，积极调配资源，发动全体员工践行循环经济理念，引入持续评价和改进机制，与利益相关者进行规范沟通，构建国际领先的循环经济管理体系，全面提升蒙牛的竞争力。

第一，1万头奶牛的粪便哪儿去了？把1万头奶牛的排泄物转化为沼气和沼液，每年可以减少2.5万吨二氧化碳的排放，随着蒙牛沼气发电项目的正式投产，1万头牛生产的“废物”被利用起来，如图2-10所示。沼气是由牛粪发酵产生的，沼气用于发电，以沼渣和沼液作为原料每年生产的有机肥达20万吨，真正实现了“绿色GDP”，成为生态责任与经济效益双赢的典范。

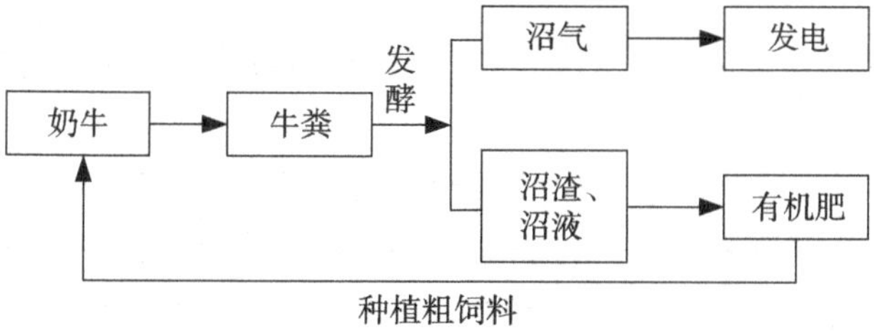

图2-10　牛粪的“废物”利用

第二，循环模式。蒙牛目前形成了具有顶级水平绿色循环养殖模式，集牧草种植加工、奶牛育种产奶、粪便处理、休闲和观光为一体。

三、壮大环保产业链

循环经济模式认为生态思维应当贯穿于整个经济活动过程中，经济活动应该像生态系统一样可以进行自我调节、控制能量流和物质循环，实现资源的充分利用，并大力促进循环经济的发展。

首先，在生产方面，蒙牛实行低碳节能的生产模式，将工厂的能源消耗和废物排放严格控制在一定范围内，建设污水处理厂，并对处理后的生产废水进行回收利用。在节能减排和循环经济方面，蒙牛不断加大投资，以期建成绿色园林工厂。

其次，在奶源建设上，蒙牛积极推进大型生态牧场建设，建设生物质发电厂，利用牛粪发电，减轻自然负担，回馈草原。蒙牛投资建成了全球最大的畜禽生物质沼气发电厂，作为澳大利亚亚洲国际牧场的配套设施，保证了天然品质的完整性和新鲜度。在国内乳业可持续发展方面，蒙牛迈出了关键的一步，成为中国大型畜禽养殖场产业链发展的先行者。经过多年的努力，蒙牛终于将环保与循环经济完美地融合在一起，促进了循环经济的发展。

第三节　对循环经济可持续发展的新思考

面对世界发展循环经济的新浪潮，我们必须做出哪些选择？从中国经济的长远发展来看，必须把发展循环经济作为国计民生的基础，作为国民经济和社会发展的基本战略目标，并进行全面规划和实施，才能在发展过程中有效克服环境问题和能源危机。

一、循环经济时代之组织变革新方向

在生态文明的旗帜下，循环经济始终都在总结历史经验、纠正现实问题的道路上不断实现进步。新时代循环经济变革的新方向如图2-11所示。

1. 新型城镇化与循环型城市建设

当前，中国城市人口约占总人口的57%，到2030年预计这一比例将会达到67%。不久的将来，发展经济与治理环境的重心将向城市慢慢转移，“集约、高效、智能、绿色、低碳”是未来新型城镇化建设的要求。

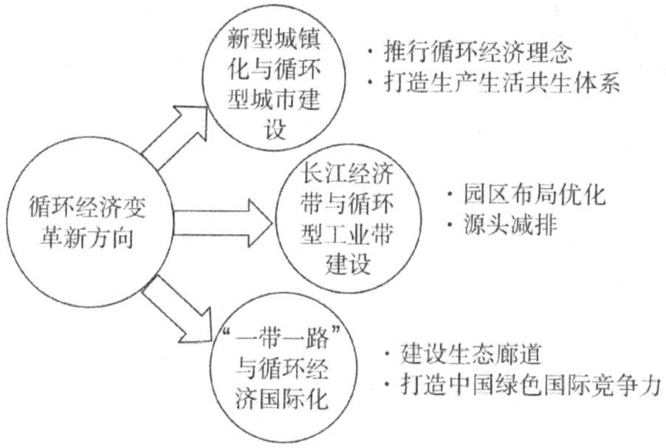

图2-11　循环经济变革的新方向

在新区建设和城市改造过程中，要大力推行循环发展的相关理念和模式，建立布局合理的生产生活共生体系，推行绿色循环的生活方式，推进循环理念在城市建设中的应用。“无废城市”概念催生了城市基础设施系统的优化和集成，促进了绿色环保的智能建筑的推广，实现了对一次性用品生产使用的控制，还实现了清洁能源和可再生能源在实际中的应用。这些循环经济举措能够提高资源利用率、改善生态环境、优化生产过程的各个环节，并不断促进新型城市化建设。

2. 长江经济带建设与循环型工业带建设

我们应该把流域环境的综合管理能力和工业生态学的发展有机结合起来，将循环经济应用于产业的发展中，并积极推动工业循环和绿色长江经济带的发展。

长江沿岸的工业产业密集度高，这不可避免地造成了环境污染问题。这些沿江工业企业和园区如何进行绿色发展是将来的重点任务之一。指导企业园区布局优化和产业升级改造，坚持集约节约型用地原则，优化产业链条；从源头上推动减排，建立以“吃干榨尽”为原则的各类副产品和废弃物资源化利用的产业体系；促进关联企业之间或产业之间的循环利用和联动发展；在原有的公共设施建设和共享的基础上，对园区的基础设施进行规划和建设，尽可能地综合利用园区内企业产生的水、蒸汽、热量等，最大限度地利用资源。要创新思路，既要进行产品的批量利用，又要加快技术创新，按照循环经济的理念，开展多种形式的资源利用，变废为宝，实现对资源高价值、高质量的利用。

3．“一带一路”建设与循环经济国际化

我国循环经济实践成果逐渐迈向国际化，这主要体现在循环经济的应用中，同时这也是循环经济发展过程中所出现的新机遇。我国将地方经济发展目标和空间战略计划有机结合起来，尊重自然，支持和促进生态产业发展，筹建相关循环产业，优化产业要素组合，建设生态宜居城市；不断推进现代循环农业发展，将绿色环保贯彻落实到各个产业中，建成可持续发展的生态产业；在生态比较脆弱的地区采取有效的生态管理，促进生态系统的恢复，保护生态系统。以中国循环经济的成功经验为出发点，积极融入绿色改革的总体趋势中，这有利于提高中国的国际绿色竞争力，打破绿色贸易壁垒和维护一个负责任的国家形象。

专栏2-5

铜陵有色：将资源“吃干榨尽”

一、公司介绍

铜陵有色金属集团股份有限公司（简称铜陵有色）是一家金属公司，它是1949年在中央的安排下恢复建设的，是中国最早建设起来的铜工业基地。中国第一座铜冶炼厂和第一座机械化露天铜矿就是由它建造的，可以

说是中国铜工业发展的摇篮，同时它也是中国最早上市的铜企业。铜陵有色是一家主要业务为采铜、冶铜、铜加工、铜贸易的上市公司。经过几十年的发展建设，公司已逐步成长为以有色金属为核心，其他相关产业多元化发展的大型企业集团。

集团公司将重心放在有色金属产业的发展与以金融贸易为核心的现代服务业这两大方面，持续推动相关产业越做越强，努力将自己建设成为“一强五优”的国际化企业集团。

二、铜陵有色模式

在高质量发展的新浪潮中，铜陵有色逐步从一个产业内的小公司发展成为跨行业大企业，从单一的产品生产线发展到循环工业园区的建立。

第一，建设生态矿山，打造矿山循环经济圈。铜陵有色金属有限公司现有矿山11座。根据废石不出坑节能技术，采矿系统利用地下产生的各种废弃石料进行采场充填和地下充填；将地下排水回收处理，用于地下生产，这解决了一部分生产用水问题。通过回收处理废水，使水循环利用率在95%以上。由于循环经济理念的良好应用，铜陵有色成为拥有世界一流生态矿山的企业。

第二，发展精深加工，打造加工产业循环经济圈。铜陵有色基于更高起点，按照“高档次、差异化、大规模”的理念，不断推进铜产业的深加工，拉长铜产业链，开发和生产具有高技术含量和市场性的铜和铜合金深加工产品。先后开启铜加工项目，积极参与社会的循环经济工程，致力于废铜拆除业务的开发，将废铜回收利用作为铜加工的材料。当前，公司正在组建铜回收拆解厂，推进再生产铜及其回收产业的发展。

三、技术创新的持久动力系统

公司以产业融合为核心，构建立体循环体系，为我国有色金属产业循环经济的应用、发展和理论研究树立了榜样，促进了资源型城市的转型。

第一，大力实施清洁生产。公司通过建立审核小组，制订清洁目标，确定审核重点，制订可行计划，确保清洁生产的顺利开展。铜陵有色通过不断实施清洁生产，建立和完善清洁生产组织管理体系，将环境治理纳入生产过程的各个环节，进一步推动循环经济的发展。第二，重视科技创新。铜陵有色坚持科技领先战略，实施技术改造，为发展循环经济、打造绿色企业奠定基础。发展循环经济是一个经济、技术与社会相结合的系统工程，必须依靠科学技术的进步，不断创新。铜陵有色构建循环经济发展绿色技术体系，提高废弃物回收率，降低产品综合能耗，提高资源利用率等，使企业处于国内领先水平，实现循环经济发展。

经过不断发展，铜陵有色的经营范围已经从单一行业扩展到了多个行业，从单一的产品链扩展成了工业园区，成为跨行业的集团公司，建立了动态的立体循环经济体系。公司不断贯彻落实循环经济在公司的发展，走出了企业发展循环经济的独特模式。

二、循环经济时代之组织变革战略考量

循环经济模式是目前实现可持续发展战略的最优方案，它对社会经济能产生深远的影响，这些影响涉及方方面面，包括经济活动的生产、交换、流通和消费等领域，但目前国内外循环经济的实践都聚焦于生产和消费领域，而忽视了交换和流通。那么，如何解决这个问题，如何变革循环经济呢？

1. 从国情出发，依实际选择循环经济的切入点和发展目标

大多数发达国家都会根据本国的具体国情，在发展循环经济时选择适合自己的目标和切入点，从而形成具有本国特色的优势产业。从过去的经验来看，发达国家在生产时大多是走“先污染，后治理”的老路子。德国、美国等国家在20世纪60年代的环保运动中就已经开始探索如

何能够在废弃物管理的过程中推动循环经济的发展。当时，德国、美国等国家的工业已经发展到很高水平，对资源能源的利用效率也遥遥领先于其他国家。因此，它们发展循环经济主要侧重于对废弃物的回收利用和可再生资源的开发上。德国的循环经济是由废物处理发展而来的，之后逐渐转移到生产和消费领域并不断扩张。2004年以来，德国在不同层面，尤其是区域层面，尝试采用一体化物流管理战略，促进循环经济的发展。巴西经过多年的实践探索，也创造了符合自身国情的循环经济发展模式，尤其是在我们熟知的垃圾循环利用方面。日本作为一个岛国，资源相对匮乏，根据这一国情，选择了建设循环社会的目标，寻求一种有效解决环境和资源问题的方法。各国都根据本国国情，找到了适合自己的循环经济之路。

2. 立法先行，做到有法可依，推动循环经济的发展

从客观上来说，企业行为会对社会和他人造成影响，这种影响可能是积极的，也可能是消极的。然而企业并不会因此获得回报，也无须为此承担义务，这种现象被称为企业的外部性。外部性可分为正外部性和负外部性两类。若企业不经处理直接排放污水，这些污水便会污染环境，这样就表现为企业的负外部性。循环经济的发展不可避免会影响到企业的外部性与社会公平。基于这点，发达国家通常的做法是通过设立相关法律来推动循环经济发展，将内部利益的驱动力与外部的约束力相结合。德国已采取措施，逐步在个别领域建立相关的法律法规，进而制定整体循环经济的法律法规。德国不断完善法律法规，逐渐形成一个具备日益严格的条款和完美的结构的循环经济法律体系，该体系涉及各行各业，为循环经济的发展提供强有力的保证。法律还规定了有关废物处理的基本原则和方法。例如，应当从源头治理，从根源上拔除废弃物产生的隐患；最大限度地重复利用废弃物，在废弃物处理过程中不危害自然；通过政府和人民的合作，共同发力解决环境问题。日本采取的是自上而下的立法方式，颁布基本法，并在基本法指导下制定各领域的循环

经济法律法规。这些法律法规分别在不同程度上体现了“三要素一目标”原则，这个原则即降低废弃物产生量，对废弃物进行循环利用，对资源进行二次利用，最终达到建设循环社会的目标。

3. 制定经济政策，引导循环经济的发展

企业是循环经济发展的主体，通过立法能够降低企业发展带来的外部性影响。企业追求的是利润最大化，只有盈利的企业才有存在的意义。因此，必须基于经济规律发展循环经济，让发展循环经济获得可观的利润，让其成为企业自愿追逐的目标。所以，必须要有有效的政策措施来推动循环经济的发展。我们可以利用环境税收、信贷激励等各种政策措施，充分发挥市场机制在资源配置中的作用。有很多国家都制定颁布了各项符合本国国情的政策法规来引导企业发展循环经济。综上所述，这些政策主要包括：税收优惠，如对环保产品的购买给予税收优惠；政府采购政策，如对各级政府的采购行为进行干预，将含有可再生成分的产品置于优先地位；收费政策，对不符合环保理念的产品的生产、销售、购买收取一定的费用；征税政策，对一些不可再生资源的使用征收相关税费。这些政策的实施，使得循环经济的发展取得了显著的成就，促进了循环经济在各国的发展。

三、循环经济时代之组织发展蓝图

循环经济，循环的不仅是资源，更是新的发展道路。中国的循环经济应由点及面地推进，将具有中国特色的外衣披到经济和社会发展模式上，从而形成更加注重资源和环境的生产消费模式，促使人们更加重视可持续发展能力和生态文明建设。

为了进一步推动循环经济发展，我们应该在现有基础上继续深化循环工业的发展，不仅包括我国自20世纪以来一直倡导的废物循环利用，还包括那些生产过程中的“产业链扩展”项目。例如，煤制天然气发电

不仅提供了电力，还减少了污染排放，更加安全高效。从系统工程方面看，这些行业的发展是最佳的系统组合，它们不仅节省资源，而且能有效控制污染物或温室气体的排放，从而节省了大量资金，因此这是将来需要重点培养的行业。具体而言，应从以下几个方面推进循环经济的实际发展，如图2-12所示。

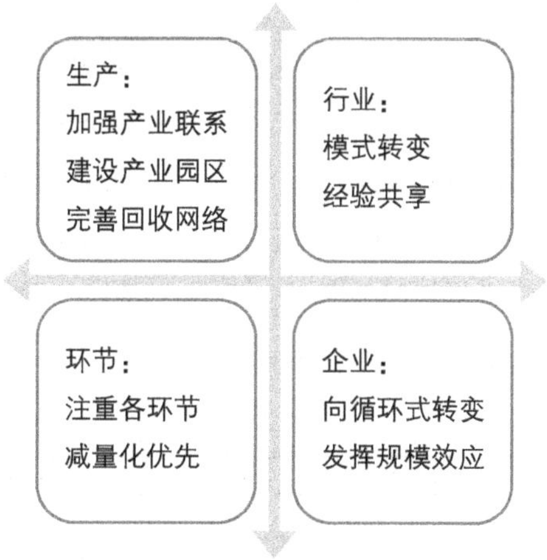

图2-12 推进循环经济发展

第一，从生产看，发展循环经济，需要加强产业间的联系，这就要求促进上下游企业的合作交流、推动技术创新和实现生产配套，促进农业、工业、服务业等生产领域的资源循环利用和能源分级利用；还应树立工业园区循环经济的观念，加强原园区的生态改造，进行资源共享，充分发挥企业转型和产业集聚的作用，建立现代产业体系，实现排放低、效率高和能源循环的目标；发展循环经济，还需要完善和规范可再生资源的回收机制，促进“城市矿产”基地的建设和再制造工业的快速发展，倡导文明、绿色和低碳消费的观念，减少非环保产品的消费，实现经济与环境的有机统一。

第二，从行业看，要实现重点模式的转换，从原来对原材料的建设转向对全社会生产中资源回收体系的建设。在某些行业存在能源消耗量大、污染严重等问题，因此循环经济在这些行业已有所发展，并取得了一些成果与经验，而在另一些行业，由于某些原因，循环经济的概念并不为人所熟知，行业之间发展极不平衡，存在明显的差距。因此，为了促进循环经济在将来的发展，我们应该在不同行业之间进行经验分享，向大家分享自己的成果，构建造福全社会的资源回收体系。

第三，从环节看，要重视生产过程中各个环节的资源利用，保障清洁生产，注重物质平衡，针对不同情况应当采取不同的应对措施，将循环经济推广应用到生产、流通、消费等领域。有关研究发现，我国船舶工业的钢材利用率比国外低近10%，主要原因是我国钢板是直接从钢厂拉出来由造船企业自己加工的，而国外造船所使用的钢板是按照造船企业的要求定制的，边角料可以重复利用。这样的例子数不胜数，因此，从产业链出发来减少生产过程中烦冗的流程，可以更好地体现减量化原则。

第四，从企业看，要摒弃企业内部简单的小规模循环生产，逐步转变为产业链联结、循环一体化的循环生产，从低端、分散、低效的小规模循环利用模式向高价值、集中化、高效的规模化转变。在企业层面，产业结构的升级形式的外显表现是产品附加值的增加。在经济学中提高资源利用率的重要手段就是提高专业化的程度。当然，也并非规模越大越好。例如，就可再生资源回收系统而言，一种管理成本较低的优良方式是将回收分散化、专业化，这样能够达到回收多样废物的需求。因此，生产企业应遵循图2-13所示的循环经济制度。而对政府来说，它们能够做到且需要做的就是规范企业的回收行为；提倡可再生资源的利用并发挥其规模效应，提高资源利用水平，加强对资源流动过程的监督控制，从而减少污染物的排放。

简而言之，必须综合判断国内外指标，充分利用国内外的有利条件，解决在中国工业化和城市化的过程中存在的矛盾与冲突，全面考虑国内外情况，研究分析参与国际经济合作和竞争的新优势，最终找到一条适合我国的可持续发展的循环经济之路。

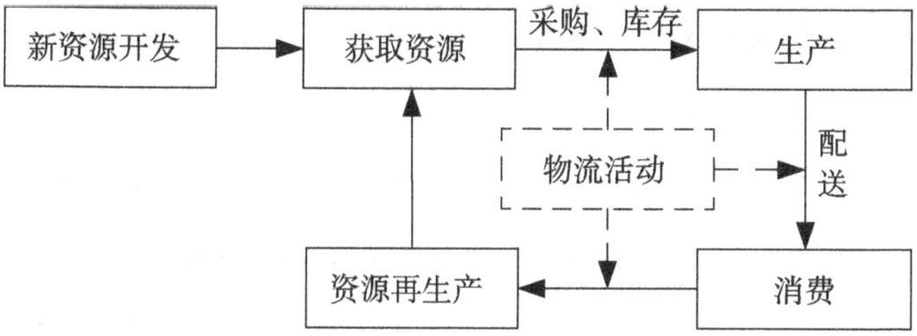

图2-13　生产企业循环经济系统

专栏2-6

楚江新材：新能源的龙头

一、公司介绍

楚江新材有限公司（简称楚江新材）成立于1999年，总部位于安徽省芜湖市。公司有员工6000余人，总面积有2000余亩（一亩≈667平方米）。公司是国家科技创新示范企业，2007年在深交所上市。公司重视研发能力，致力于包括先进基础材料和军事新材料在内的材料研发与制造。其生产和研发基地分布广泛，中国许多地区都有其身影。楚江新材是集研发、加工、销售于一体的中国500强企业。

二、楚江新材的循环升级之路

随着主营业务确定和不断优化，楚江新材从无到有，逐渐发展成为行业中的龙头企业。

第一，转向创新驱动式发展。转型升级工作复杂，涉及企业运营的一系列环节，如市场定位、原材料加工、盈利模式、组织管理等。在系统调查的基础上，根据企业的实际情况，楚江新材提出的要成为精密铜带的领导者和军事民用集成的新力量的战略目标，这是形势发展的结果，是企业的优势。楚江新材通过技术创新，一直在加强金属材料特别是铜基材料的产品和服务升级，不断提高产品质量，拓展市场，大力发展循环经济。

第二，“双轮驱动”的实现途径。楚江新材以先进基础材料开发和特殊新材料开发为企业“双主业”，通过两大主业间的相互联系实现企业发展的战略目标。开发其他公司没有的新材料是楚江新材转型升级的关键。为此，公司不断集中力量、加大资金投入进行深入研究和全面部署，根据产业链思路进行整体规划，积极收购重组。在短短的两年时间里，不仅具备了先进生产能力，而且实现了循环经济效益。

三、打造花园式工厂

发展循环经济对于企业的可持续发展是十分有利的，它同时也是我国经济发展、社会进步的一项重要任务，是推进生态文明建设的重要途径，是我国可持续发展的必由之路。

第一，减少传统能源的使用，以清洁能源代之。楚江新材采取低消耗、低排放、高效率的原则，不断降低生产过程的能耗，降低企业生产成本，全面推动企业的循环发展，并不断提高发展的质量。企业不断完善和改进生产系统中的参数指标，提高指标精准度，逐步放弃传统的污染燃料的使用而改用清洁能源，始终把节能减排的理念放在首位，逐步关停高污染的项目，并启用低排放的设备，用清洁设备取代传统设备的使用，促进循环经济发展。

第二，坚持不懈地发展循环经济。楚江新材始终把发展生态文明的责任牢记于心，不断投入资金，优化工业园区，开展节能环保工作，提高园区内的绿植面积，改善园区环境，为每个园区配套建设一个生态水池，用来调节厂区的局部气候，让厂区拥有优美的生态环境，使其成为名副其实的花园式工厂。循环经济的贯彻落实使得有色金属产业从弱变强，并逐渐成为东营四大支柱性产业之一，为区域和国家经济发展建设做出了贡献。

在新时代，楚江新材将继续践行循环经济的有关概念，不断推进生态环境保护政策，将循环生产贯穿于企业发展过程中，进一步提高行业集聚水平，不断延长企业的产业链，提升其价值链，充分发挥传统产业的新优势。

第四节　循环经济商业模式

企业是经济运行的微观主体之一，它们虽然生产、提供了大多数的物质产品，但是也给环境造成了严重的污染。因此，循环经济对于环境保护有其严格要求，企业需要重新检查自己的商业模式是否在经济生产活动的基础上遵循了自然规律，如果没有，则需要改正。为实现资源循环利用的目的，需要不断提高技术水平并学习吸收新的管理经验，从而实现兼顾经济发展与环境保护的可持续发展的目标。

一、战略定位

随着社会的不断进步、经济的持续发展，经济增长与环境保护之间的矛盾日益加剧。而与此同时，生态科学也在迅速发展着，使循环经济成为全球社会经济发展的必然趋势。循环经济要求企业在遵循自然法则的基础上，在经济生产中运用新知识和新管理理念，以实现资源的最大化利用。随着可持续发展战略的全面实施，许多国家已经将发展循环经济和建立循环的可持续社会作为实现环境保护与经济协调发展的重要途径。

1.发展循环经济是整体上降低资源消耗，解决资源矛盾的战略选择

从整体上看，企业的生产经营对资源的依赖性比较大，从而对中国经济发展的影响较大。以工业为例，采掘业的原材料比重超过50%，主

要以资源型、初级加工和粗放型工业为主，导致储备资源短缺。循环经济通过促进资源利用由粗放型向节约型转变，通过对自然资源的循环利用，从根本上减少了资源的使用量，从而缓解了经济与资源之间存在的矛盾。

2. 发展循环经济是实现新型工业化道路的战略体现

发展循环经济，在实质上就是提高“高科技水平、高经济效益”的经济质量和“低资源消耗、低环境污染”的可持续能力，它有利于提高企业的综合竞争力。毫无疑问，循环经济能够优化产业结构并推动经济增长方式的转变。技术创新可以推动循环经济的发展，同时，发展循环经济也能够促进企业的技术创新，从而促进产业结构的优化和经济运行质量的提高。

3.循环经济模式是实现社会、经济和环境“三赢”的发展模式

循环经济的目标是协调人与自然的关系，它通过模拟自然生态系统的运行方式，使资源能够可持续利用，让社会生产发生转型，由原来的注重物质增长数量型转变为注重服务质量型。同时，循环经济也延长了产业链，使环保产业等新兴产业得到发展，增加了就业岗位，使社会得到了发展。

循环经济能够将不同层次的生产和消费整合到一个有机的可持续发展框架中。当前，发达国家发展循环经济时，将生产和消费这两个最重要的环节在三个层面上有机地联系在一起：一是企业内部的清洁生产及资源循环利用；二是共生企业或产业之间建成的生态产业网络；三是以地区和全社会为例，进行废弃物的回收利用。

二、资源整合

资源整合是指企业对来自不同地方、不同层次、不同结构和不同内

容的资源进行识别、选择、提取、配置、激活和有机整合，使其变得更加灵活、系统，更具组织性和更有价值，并创建一个复杂的动态新资源过程。有效的资源整合实现了集约化的大规模发展，生态环境保护得到进一步落实，经济循环发展得到促进，国民经济亦可以健康协调发展。

第一，进行资源整合是解决我国经济增长和资源不足矛盾的有效对策。过去的10年里，中国的能源消费总量增长很快，经济增长是建立在大量消耗之上，以资源环境为代价换来的。粗放型的增长方式并没有得到改变，建设规模大、投资需求扩张、自然资源紧张、经济结构失衡等问题使资源约束问题再次出现。因此，通过资源整合，改变传统经济增长方式，是解决中国经济增长和资源短缺矛盾的根本出路。

第二，进行资源整合是缓解环境污染的有效方法。目前，我国对煤炭等不清洁能源的使用量较大，使当前环境污染日益严重。粗放型的经济增长方式同环境存在着密切的联系，对环境造成了很大的负面影响。只有通过资源整合，降低能源的投入，提高资源的利用率，才能够从根本上解决经济发展与环境保护之间的矛盾，从而实现付出最小的环境代价来获得经济的可持续增长。

第三，资源整合是有效提高经济增长质量和效率，增强国际竞争力的重要措施。过高的资源投入与低效的利用导致能源、原材料工业的比重过大，影响了产业结构的健康状况，难以得到合理的优化升级，经济增长质量也未提高。因此，必须改变传统的经济增长方式，合理配置资源，推进资源的整合，改变对经济增长的过度依赖，从依靠资源转向依靠科技进步促进发展，提高经济增长的质量和效益，提高国际竞争力，使我国经济与国际经济接轨，增强国家的经济实力。

三、盈利模式

循环经济的发展不仅需要政府发挥其推动作用，还需要通过市场机制的作用，充分利用循环经济的经济利益，建立循环经济的盈利模式。中国循环经济的发展有自己的特点，它既不同于传统的依靠资源消费的线性经济增长，也不同于发达国家的物质循环模式，而是以高效利用、低量排放为主线，逐步在企业推行清洁生产，提高资源使用效率，实现可持续发展和环境保护一体化的循环经济，形成具有循环经济特色的盈利模式。为此应采取以下对策。

1. 加大宣传力度，树立发展循环经济观念

合理宣传循环经济的理念，有助于经营者树立发展循环经济观念，提高他们的环保意识和社会责任感，使之自觉主动地实行清洁生产。要大力推行绿色消费观念，引导消费者选择这种生活方式和消费方式，这将有利于节约资源和保护环境。逐步开展与循环经济密切相关的活动，如节能、节水、垃圾分类、垃圾处理等，将这些活动变成公民的有意识的行为。有必要把循环经济的概念和知识融入基础教育，影响学生、家庭与社会，增强资源危机意识，注重培养公民的环保责任感，使他们能够自觉做到节约资源、保护环境，最后在公众中形成有利于资源节约、环境友好的生活消费方式。

2. 建立健全税费征收和价格形成机制

必须不断强化对循环经济发展组织的管理和领导能力，落实专门机构和专门人员的责任，使他们对自己所在级别负责并逐步执行。各级政府部门要建立健全有关工作责任机制，让循环经济融入社会发展的总体规划中，分析循环经济发展过程中可能会遇到的难题，并采取相应的举措来解决这些问题。在不久的将来，有必要加快研究步伐和制订推广计划和实施计划，发展循环经济，加强与有关部门的合作，如科技、环保、资源、金融等部门，与它们共同建立高效的协调机制，促进循环经济稳健发展。

建立公正合理的循环经济评价指标体系，不断加强对资源利用、废物排放和税费征收的管理。为了鼓励企业重视资源环境，多使用清洁能源，

更多地利用可再生资源，走可持续的发展道路，我们要提高开发利用自然资源的税收，并对可再生资源的利用给予一定的税收优惠。为了降低循环经济生产环节的生产成本，应加大循环生产扶持力度，给予适当税收优惠，降低企业的成本，提高企业的利润。通过税收和收费等方式，提高企业保护环境、循环发展的意识，使企业和消费者将节约和循环利用资源贯彻到生产生活各个方面。在市场机制的作用下形成的价格机制有利于促进循环经济的发展，是建立循环经济盈利模型的关键一步。

3. 加快循环经济技术攻关

技术是循环经济发展的前提。循环经济的经济可行性主要依赖于技术可行性，若现有技术水平需要的成本过高或高于企业承担能力，那么循环经济也就无从谈起。政府有必要将循环经济技术体系纳入其职能中并加大鼓励和扶持技术创新的力度。要注重发展各方面的技术，降低投入生产的成本，减少废气污染的排放，完成循环经济的技术突破，解决循环经济发展中遇到的技术瓶颈。加快这些新思想、新技术、新模式的推广应用，加强与世界各国的交流与合作，借鉴国内外取得的成果和发展循环经济的相关经验，掌握核心技术，为发展循环经济添砖加瓦。环保产业是循环经济发展的基础产业，在关注污染控制技术发展的同时，也要注重资源型技术和设备的发展，加快发展可再生资源产业，使经济不以任何损失为代价得到真正的增长。

四、融资模式

20世纪90年代，循环经济思想流入中国，并在这片土地上得到了广泛的传播，取得了巨大的发展。在其发展过程中，金融为促进循环经济发挥了重要作用。随着中国循环经济的蓬勃发展，金融支持的作用越来越明显，特别是深化投融资体制改革后的循环经济，在投资和融资规模、结构、主体等方面均取得了很大发展。

循环经济产业链融资指的是核心企业和上下游企业所在的循环经济产业在进行有效的风险控制的前提下，基于循环经济产业低能耗、低排放、重复利用的特点，通过回顾整个产业链，基于产业链的管理程度和核心企业的信用实力，提供多样的金融产品与金融服务。它不仅实现了对企业的个性化增值服务，而且从根本上改变了银行和企业过去那种落后的点对点服务模式，银行通过加强自身能力建设，提高了对循环经济产业的宏观把握能力，信息控制优势和风险控制手段更加高明，帮助企业改善经营，巩固了循环经济产业链建设。

循环经济产业链的融资模式需要结合循环经济产业发展的实际情况进行创新设计。没有固定的产业链融资模式能够完全适合所有循环经济。银行应根据循环经济产业园产业链的特点设计合适的融资模式，并根据实际情况进行调整。可以肯定的是，任何循环经济产业链融资都有一个基本的运作思路，那就是银行主导产业链融资模型的设计。掌握所有企业在循环经济产业链中的地位；按照银行的原则，对链内目标企业的应收、应付账款信息进行分析，并将其银行现有的资金流信息进行整合；通过分析信用情况和控制风险技术来分析企业的现状，并确定融资计划；根据规划为企业提供融资、结算等综合金融服务。

当前，银行业产业链融资最基本的模式是“1+n”模式，这种模式已得到了广泛认可。可以将这种融资模式嵌入循环经济产业链的融资中，从而使其得到更广泛的应用，我们可以叫它“C_1+C_n”循环经济产业链融资模式。在这个模式中，“C_1”代表的是循环经济产业链上存在的核心企业，“C_n”代表了核心企业上游和下游的中小企业，C_1和C_n都存在于一个相对稳定的产业链上。“C_1+C_n”循环经济产业链融资模型具有以下假设：第一，循环经济产业链是一条封闭的物质流链，核心企业C_1与中小企业C_n之间的交易频繁。第二，产业链中的核心企业C_1具有规范管理、实力雄厚、信誉良好的优势。银行非常了解这些，因此与它保持长期稳定的合作关系。产业链中的中小企业C_n在收到了来自核心企业C_1的订单后，向与核心企业C_1具有长期合作关系的银行申请融资，这个过程为订货和生产做好准备；银行审查、确认订单和其他材料无误后，向中小企业C_n拨款，C_n获得融资然后开始组织生产，准时向核心企业C_1供货，之后，C_n将提供购买发票、货物入库收据、应收账款等票据材料给银行，银行在审阅完毕后，可将应收账款保理融资给C_n，并返回订单融资；核心企业C_1将到期的款项支付到C_n的账户，C_n用其还款，银行收回保理融资，这就是完整的产业链融资过程，如图2-14所示。"C_1+C_n"循环经济产业链是循环经济产业链融资模式中最常见的一种，这是一种双方都获益的融资模式。

五、价值创造

20世纪90年代以来，随着试点工作开展及相关法律法规和政策的陆续出台，我国循环经济工作已经在各个领域取得了初步进展，这些领域包括：企业清洁生产、再生资源综合利用、生态工业园区建设和绿色消费等方面。循环经济的基础是资源的循环利用，让废弃资源重新进入生产过程，因此人们从废弃资源价值的来源与构成出发，来研究循环经济对企业价值创造的影响。

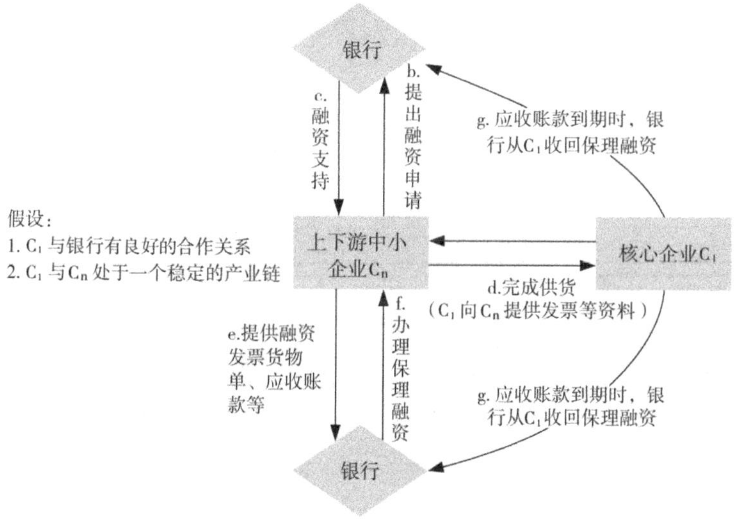

图2-14 "C_1+C_n"循环经济产业链融资模式流程

联合国环境规划署将资源定义为自然环境要素和其他能在一定时间、地点和条件下改善人们当前和将来福祉的经济价值的要素。人类在生产和生活中产生的废物也是一种资源，因为它能在一定条件下被人类利用，产生经济价值。但是，与一般资源相比，废物资源具有两个重要特征。首先，它们是人类生产或生活产生的废物，在使用或处理之前会造成污染或环境破坏，从而对人类造成了直接或间接的经济损失。其次，经过适当的处理，可以利用废弃物生产经济价值。因此，废弃物创造的价值有正有负。

废物资源的正价值是指将其回收处理，重新投入生产过程可以创造新的经济价值；负价值是指不对废弃物进行处理，直接排放在自然环境中会破坏环境，从而造成直接或间接经济损失。废弃资源负价值转换为产品的正价值有三个条件。一是确保经企业内部治理和社会外部治理后的废弃物带来的经济损失为零，这也是发展循环经济的目的所在。这就要求必须控制进入自然生态环境废物量，将其控制在区域环境容量或承受范围之内。二是以客观公正的经济核算体系对企业污染废弃物的内部处理和社会集中处理成本进行合理的计算和评估。三是企业可以开展市场交易以减少环境污染的排放，即建立环境排放交易系统，以减少环境排放并将其转化为商业利益，如图2-15所示。

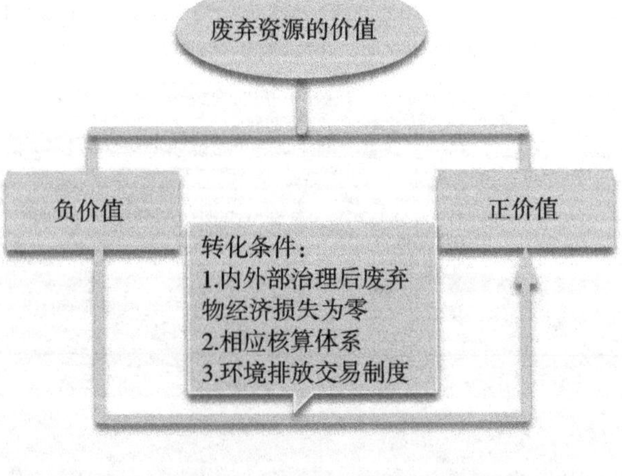

图2-15　废弃资源的价值转换

只有确保循环经济产业链上每个环节都能创造价值，创造更大的经济效益，才能使企业处于行业领先地位，打造属于企业的蓝海。

章末案例

西王食品：玉米“撬动”循环经济产业

一、公司介绍

西王集团有限公司创办于1986年，是一家综合型全国大型工业企业集团，业务范围涵盖玉米加工、钢铁、房地产、酒水、物流等产业。山东西王食品有限公司（简称西王食品）隶属于西王集团，它的主产品是各样的玉米油，其他产品有葵花籽油、花生油、橄榄油等许多其他健康油。2016年，西王食品成功地将加拿大的一家健康食品公司Ker公司收购，这让西王食品成功抓住了国内食品领域转型升级的机遇，为公司创造了一个强劲的利润增长点。这个并购成功的故事也成为资本市场的典型案例而广为流传，它体现了公司在资本运作方面的强大操作能力。

公司将继续秉持“食品安全为本，诚实经营为先”的经营理念，充分利用整个产业链，发挥智能制造、专业营销和健康理念的优势，强化民族品牌，提供“绿色，安全，健康”的食用油和保健食品。

二、西王食品的范式革命

循环经济是一场范式革命，它提倡的经济发展模式是与环境相协调的，它始终坚持“减量化、再使用、再循环”的原则，遵循资源循环利用的闭合循环反馈的流程，以实现“最优生产、最佳消费、最小浪费”来严格要求自己。西王食品正是用这种循环经济模式来发展自己。

1. 构建循环经济产业链

基于当地丰富的玉米资源这一强劲优势，西王集团建立了一个完整的产业链，该产业链从玉米的种植与收割一直到加工处理，从田间到餐桌全产业链覆盖，展现了循环经济在该企业的发展。一粒玉米走进车间，经过无数道工序，最终成为人类所需的保健品投放到市场中。通过对玉米产品进行不同层次的开发，对玉米原材料循环利用，尽量减少废弃物的产生，促进了产业价值链的延伸，西王食品意识到要提高价值，必须对玉米进行深加工并提高其附加值，从而实现了从传统产业向更加高效、更高效益的现代化产业转变。

2. 循环理念贯穿始终

西王食品将循环经济的理念贯穿于玉米加工过程的始终，实现了能源、水等资源的综合利用，特别是能源、热力、水资源都得到了充分的可持续的利用。西王集团还实现了玉米与钢铁行业的互补利用，将特种钢板的余热用于玉米蒸发烘烤这类加工中，将玉米加工产生的水作为特钢生产所需的冷却水，实现了玉米与特钢之间资源的互补循环利用，让循环的理念贯穿于不同产业中。

3. 把握人才的“吸铁石”

人才是西王食品快速发展的巨大推手，是其发展循环经济的根本。人才是循环经济的推动者和支撑者。西王集团拥有省级技术开发中心，它就像一块具有强大磁性的磁铁，吸引了大量的专业人士。他们共同努力展示自己的技能，协调和计划用于循环经济的技术中，并对核心产品进行分解、分类和集成，集中人力、物力和财力来研究、解决、开发与改造专有技术和关键技术，逐步形成了具有自主知识产权的核心技术体系。

三、循环经济促转型、促发展

西王集团将技术先进、人才素质高、资金充足及循环经济等优势这条主线贯穿其发展的始终，在经济新常态下不断进行转型升级，实现了新发展、新突破。

第一，统筹发展第一、第二、第三产业，推动循环经济在各产业的发展。西王集团与物流、国际贸易、金融三个服务行业合作，同时发展玉米的精细加工，形成了突出主营业务和多项业务共同发展的新模式，为充分发挥资本优势和融资服务优势来获取资金流提供了强大的保障。西王集团形成了以工促农、以村促企的城乡一体化发展的新格局，形成了包括土地集约化、农业产业化、村企融合的循环经济的新模式。

第二，构建循环经济体系。围绕玉米深加工和特钢两大产业，发展与其关系密切的大企业，打造精细化强的中小企业。通过全面改革，对工业园区内的水、电、汽等资源的利用，以资源排放和废弃物综合利用为主要内容，将工业与生活联系起来，促进节能减排，建设一个大型循环经济系统。

第三，改进生产工艺。西王食品通过增加科技投入，不断优化生产程序，提高资源使用效率，使生产工艺得到改进，对整个生产系统的节能减排具有十分重要的意义。同时开展能源管理体系建设和认证工作。对生产过程中可能产生巨大能耗的设备，要进行严格的控制和优化管理，并通过建立相关的能量流数据库，来实现能源管理的数字化和精细化，为西王食品发展循环经济，贯彻循环理念，成为国内领先的食品生产企业提供支撑保障。

第四，重视人才培养。具体实施循环经济发展战略的关键在于有高科技支撑。而获得高新技术的关键，则在于人才。此外，管理高新技术和进行市场营销仍然需要人才。同行业中其他企业加工每吨玉米需要6~8吨水，而西王集团仅仅需要2吨。西王集团的成功秘籍，在产品生产线，也在负责培养人才的“第二条生产线”。西王集团大胆地启用高素质、高学历的外来人才承担起重大责任，并逐步允许创业元老从高级管理人员中撤退，从“拉车者”变为“坐车者”，从执行者变为监督者。这都为外来人才展示才能创造了有利条件，同时也提高了西王的竞争优势。

四、结论与启示

平衡水、电、汽的使用，将轻工业和重工业有机结合，这些思想已充分融入西王集团的产业发展中，形成了富有特色的循环经济产业模式。

第一，将循环经济理念融于企业。西王食品作为食品生产企业，非常重视循环经济的有关概念。企业应提高对循环经济内涵的正确认识，加强发展循环经济重要性的认识，始终把可持续发展的理念贯彻到生产经营业务中去，摒弃传统落后的发展观念，不断完善和发展对循环经济的重要性的理解，充分思考资源和环境的极限在哪里，将资源节约和环境保护融入血脉，化为自发自觉的行为。

第二，自主创新，加大投入。毫无疑问，环保是一件费力不讨好的事，往往需要投入很多，但收效甚微。要突破这种传统状态，不仅要在技术上创新，而且要在管理上创新。但创新是有风险的，如何才能降低创新的风险是我们当前亟须解决的问题之一。要用科学来武装自己，不断增加投入，才能取得最后的胜利。循环经济的实现，需要不断引进高新清洁生产技术，创新和改进传统技术，加强资源的综合利用，要发展起主导作用的循环经济产业，从而促进食品行业增长模式的转变，实现全行业的可持续发展。

第三，降低消耗，减少成本。循环经济是经济活动和生态环境在人类社会基础上长期作用的产物，它所要求的物质循环标准应包括两个方面：一是投入经济系统的材料应多次使用，以达到最高的效率；二是经济系统产生的废弃物能够被生态系统“消化”，总量不超过自身的净化能力。循环经济的低消耗特性是合理和持久地利用所投入的材料持续进行经济活动，降低危害和减少污染物的排放，从而减少经济活动对生态环境的影响，实现经济和环境的双赢。

第三章

生活循环经济回收与利用

随着社会经济的迅猛发展，我国的城市化进程也在不断推进，而随着城市经济的兴盛，一些新兴行业也迅速崛起，如快递与外卖行业等。这些近年兴起的行业每天都在使用和遗弃着种类繁多、数量巨大的包装物、一次性用品等垃圾。如果不能对这些垃圾等进行合理处置，将给环境带来巨大压力，如果不能对它们进行回收循环，将会造成大量的资源浪费。对垃圾进行循环利用的首要工作就是明确垃圾分类的标准，使人们做到心中有数，能够正确地对垃圾进行分类。我国在实施垃圾的分类过程中遇到了诸多阻碍，为了克服这些困难，利用循环经济的理念对垃圾进行分类就显得尤为重要，这也是我国城市化进程中不可或缺的一部分。

发展循环经济是建设生态中国，实现经济发展、社会进步和生态环境保护“三赢”的根本途径。

——中国工程院院士　李文华

开篇案例

阿里巴巴：闲鱼用新生活方式撬动可循环经济发展

一、公司介绍

阿里巴巴网络技术有限公司（简称阿里巴巴）是由马云领导的18人于1999年在浙江杭州创立的。阿里巴巴经营范围涵盖许多业务，并且从其分支机构的业务和服务中获得生态系统上的支持。其业务和关联公司包括：淘宝、天猫、聚划算、阿里巴巴国际交易所、阿里云、速卖通、1688、阿里妈妈、蚂蚁金服、菜鸟网络等。

闲鱼是阿里巴巴旗下的一款APP。会员不用经过复杂的开店流程，只要使用淘宝或支付宝账户登录，就可以实现转卖淘宝账号中“已买到宝贝”、通过上传二手闲置物品照片进行售卖，还可以在线交易，具有多种功能。

二、让闲置游起来

随着我国国民消费能力的提升，新的消费习惯也不断出现，由此产生了大量的社会闲置资源，这也导致大量的资源浪费。当前如何进行城市管理，一个重要课题就是如何使消费变得更加绿色合理。马云在阿里巴巴20周年的年会上说：“从20年前到现在，阿里巴巴的所有重要决策都与钱无关，都与解决社会问题有关。”

减少垃圾的产生是一个亟待解决的社会问题，它对全人类，特别是子孙后代的生存发展是十分重要的。当年日本的“东京垃圾大战”至今让人难以忘怀，为了不重蹈覆辙，就要从根本上解决这个严重的问题。为此闲鱼创建了自己的“回收工厂”，其目的是“让闲置游起来”。近年来，闲鱼的大众认可度越来越高，越来越被人们所接受和喜爱，大量闲置资源被回收利用起来了。一开始创立闲鱼APP就是希望能够为节约型社会的建设尽一份力，推动循环经济的发展。在闲鱼不断发展壮大的过程中，绿色和环保也开始成为新的生产力。

第一，促进万亿元价值闲置资源流动。在过去的一年里，闲鱼打开一个充分利用闲置资源的新空间，大大减少了资源的浪费。用户将闲置物品通过闲鱼进行交易，减少了超过4000吨的碳排放，这可以在蚂蚁森林种22万棵的梭梭树，给生态环境带来了巨大的好处。以旧衣服回收模式为例，回收的旧衣服经过科学整理，通过环保再生等方式，被重新投入生产，可以制成汽车隔音棉、大棚隔热棉等，从而促进循环经济的发展。

第二，闲鱼不仅让闲置资源在生产中重新发挥作用，进入生活领域，而且闲置交易的背后，闲鱼玩家们还可以分享生活，寻找志同道合的伙伴，这为闲置生态带来了更丰富的内涵。在闲鱼上，他们有趣、有才华、有爱心，在生态环境的建设中奉献出自己的力量，推动了循环经济的发展。

第三，循环观念的普及。中国的垃圾分类才刚开始，垃圾回收后进行再利用的配套产业也刚刚起步。在这样的关头，循环观念的普及和发展思路对循环经济的发展起着重要作用。简而言之，就是我们应该让公众乐于接受垃圾回收产生的产品，我们应该为商业界提供一个工业上的突破思路。闲鱼循环工厂就是将两者结合起来。

第四，加强质量监管。质量是企业长远发展的根本。无论产品的广告多么漂亮，包装如何华丽，如果没有质量保证，也不可能获得忠实客户。质量对于一件产品来说就像健康对于人的生命一样重要，闲鱼认为质量是企业之本，将其作为企业发展的灵魂，它严格把控每个环节，对交易产品进行相关的质量检测，确保优质商品的提供，这为公司树立了良好的信誉，使得公司能够在激烈的市场竞争中立于不败之地。

三、重塑废物的万种可能

用户在闲鱼拥抱分享经济、绿色循环等新生活方式，他们在上面发布宝贝，让闲置“游起来”。闲鱼交易的本质就是实现资源在不同地区持续流通，使资源的循环利用率得到提升，这不仅可以获得商业效益，还具备社会价值。

第一，构建“互联网+”资源循环格局。通过研究、总结和提炼的方法创造出闲鱼那样的优秀企业，为循环利用资源提供方案，如各种各样的回收模式、回收交易平台等以互联网为重点的信息化方案，为宣传和推广循环经济创新模式，让人人都能参与循环经济，共同建设循环社会。

第二，盘活社会闲置资源、倡导国民循环消费。随着我国国民消费能力的提升，新的消费习惯也不断出现，由此产生了大量的社会闲置资源，这也导致大量资源浪费。如何对闲置产品进行合理处置、“变废为宝”成为发展循环经济的重要课题。

第三，延长产品使用周期。循环经济的核心理念就是如何在经济发展过程中平衡资源、产品和可再生资源这三者间的关系，消除经济增长与环境保护之间的矛盾。通过出售或转租闲置，闲鱼促进了循环经济的发展。

闲鱼的万亿元价值与其成交量无关，也与社会消费量无关。它是数十亿次社会消费后对社会资源的再利用和保护。这万亿元的价值就是环境保护和社会进步的价值。在过度消费的存量经济中，闲鱼有其自身的公益价值，阿里巴巴主动担负起社会责任，是承担社会责任的领头羊。

四、结论与启示

数据显示，如今每天有超过100万名用户在闲鱼上发布超过200万件个人闲置物品，闲鱼用户累计发布的宝贝数量已超过14亿件。进一步地，一、二线城市是二手交易的主力，占比超过55%，这些城市的居民消费能力显著较强；而19~30岁的年轻人群体占总用户比例接近70%，这部分群体除消费能力较强外，也更容易接受新的消费理念，更愿意参与到闲置交易中来。经济发展和消费升级共同造成了闲置物品在社会上广泛存在的现实，也产生了更有效利用闲置物品的客观需求，同时，新消费理念逐渐为更多人尤其是年轻人所接受，这两方面的因素就为闲置物品交易的发展培育出了肥沃的土壤。在大数据等技术的加持下，各类闲置物品交易平台便应运而生了。

从个人消费者的角度看，闲置物品交易最直接的好处就是可以节省金钱支出；而从整个社会来看，需求端的重复需求减少了，那么厂商就可以将更多的资源运用于更高品质新产品的研发与生产，最终整个社会的资源利用效率都能够得以提高。

第一节 生活垃圾治理新难题

发展循环经济已是大势所趋，循环经济思想已经成为全球共识，受到许多有识之士的追捧。大力促进循环经济发展，就能保证资源的有效合理利用。“垃圾是放错地方的资源”，在过去，对垃圾的处理方式过于简单粗暴，采用的多是单纯地掩埋或焚烧的方法，缺乏科学性与合理性，导致资源的大量浪费。如今人们的理念逐渐改变，明白了合理利用垃圾不仅能够变废为宝、节约资源，而且能够减少污染，保护土地、大气与水体，实现循环经济可持续发展。

虽然现在我国已经慢慢开始有了循环利用资源的意识，但是由于缺乏行之有效的垃圾处理机制，目前在我国许多城市还是常常出现“垃圾围城”现象。针对这种情况，政府以各种形式宣传推广垃圾分类，鼓励市民与公益组织发挥主观能动性，自主对垃圾进行分类回收，以期创造出一个资源循环、永续利用的社会。

一、传统消耗模式

我国目前生活垃圾处理方式较为简单，在技术上也存在许多缺陷，长久以来，生活垃圾处理工作一直是由政府主导进行的，垃圾处理被看作是一项公益事业而不是一种义务，它受到提倡但不强制。环境卫生部门是它的执行者，也负责对它的监督与管理。由于生活垃圾的清理、转运、处理和监督全由环境卫生部门负责，这种自监自管、自理自查的方式，难以形成有效的竞争机制，政府部门的监督也难以完全施展开来。这些都导致服务质量难以有效提高，生活垃圾造成的对生活环境的危害也难以遏制。这种传统的机制运作消极，已不适应生活垃圾产业化的要求。

生活垃圾大量增加、难以处理，不仅损害了市容市貌，阻碍美丽城市的建设，更为严重的是，生活垃圾若不能及时得到合理完善的处置，就容易对土壤、水质、大气等产生危害，对环境和人类健康产生巨大威胁。

生活垃圾若随意堆放，或者随意掩埋，其中的有机成分就会在厌氧环境下，慢慢分解释放出CO_2、CH_4等有害气体，这些气体能够透过土壤，进入大气，对大气造成污染。我国北方常常处于严重的雾霾中，生活垃圾处置不当也是其原因之一。此外，若不对垃圾产生的有害气体加以控制，任其扩散，还有引发火灾和爆炸的可能。综上所述，合理处置生活垃圾对于城市大气有着重大的意义。

生活垃圾若是随意堆放，长时间暴露于空气中，遇雨时，其成分中可溶于水的物质会随着雨水渗透到土壤中，而这些物质中的有害成分会对土壤产生污染。更糟糕的是，土壤具有强吸附作用，会源源不断地吸附雨水中由生活垃圾产生的有害物质，伤害土壤中原本具有的利于植物生长的元素，最终导致难以逆转的土地伤害，使在其上种植的植物产量减少甚至无法生长。由此可见，生活垃圾若不经妥善处理，对土壤造成的污染让人心惊。

除了对大气和土壤产生危害，生活垃圾对水体也可能造成极大污染。生活垃圾如果露天堆放，那么就有可能被雨水冲进河道，即使没有直接进入河流，其中的有害物质也可能会随着雨水流入江河，对水体造成污染，直接污染城市用水，甚至有可能威胁居民饮用水。如果生活垃圾被直接丢弃到水流中，则会直接对水体造成污染。而如果将生活垃圾直接填埋到土壤中，那么雨落时，不少可溶于水的有害物质将会随雨水渗透土壤，最终到达地下水层，导致难以逆转的地下水污染。

专栏3-1

启迪环境：1+1+N

一、公司介绍

启迪环境科技发展股份有限公司（简称启迪环境）是清华控股旗下的企业，它在深圳主板上市，是一家全技术、全产业链环境企业，同时它也是国家认定的高新技术企业。启迪环境始终以“零碳无废建设者”为发展目标，并致力于成为集能源环保于一体的，具有高综合环境管理能力的技术密集型企业。通过其全产业链平台，将清华大学拥有的技术及其他全球领先的技术高效能转化，从而推动中国环境产业向高效能、综合治理、循环发展的方向转型升级，从根本上解决环境治理的问题。

启迪环境已经构建了四个生态环保平台，即水务生态平台、固废与再生资源平台、城市环境服务平台、零碳能源平台，涉及能源、固体废物、循环再生、环境卫生、水务管理、环保设备制造等诸多领域，覆盖了城市环境综合治理的前、中、后端，形成全产业链的完整闭环。

二、启迪环境的循环经济模式

循环经济从本质上来看是一种生态经济，这是一种将清洁生产和循环利用结合起来的经济。人类社会的经济活动必须遵循生态规律。为响应雄安新区建设绿色低碳，开放式创新，信息智能，宜居，人与自然和谐共处的高等级社会主义现代城市的建议，启迪环境呼吁建立雄安新区循环经济产业促进会，促进雄安新区循环经济的快速发展。

第一，“1+1+N”的发展模式，即政府+社会组织+多家企业。通过社会组织连接政府和企业，为企业和政府提供服务，并授权多方。要建立行业促进协会，就必须确立行业促进协会的目标，并突出其特色，以实现真正落地和长期的发展。例如，政府服务可做专业研究、政策普及和行业标准制定。企业服务需要建立科学的机制和制度，发挥集群效应。

第二，“技术+产业+资本”的三螺旋发展模式。启迪环境不断加快科研成果的转化速度，并与政府联手，运用启迪环境自身过硬的技术，将城乡打造成为科技高地；启迪清洁能源将围绕科技研究开发与工业化利用，加强与国际组织的合作，锐意进取，勇于创新，推进清洁能源、生物质能源的研发、应用和推广。

三、“能源+环保”，循环经济新征途

循环经济的特点是对材料、能源进行循环利用，在环境方面，它表现为污染低排放甚至零排放；在生产方面，它表现为低投入与废弃物二次使用。以“能源+环保”作为战略布局，启迪环境规划了节能减排相关的平台构成的四大业务板块，开始了循环经济之旅。

第一，坚持追求“能源环保一体化”的目标，坚决承担“零碳无废建设者”的使命。解决环境问题的关键在于做到保护环境，而解决资源问题的关键在于能源。中国污染的严重程度受到能源结构的影响，只要能源结构得到改善，中国的环境将发生巨大的变化。启迪环境坚持以环境保护为目标，以节能减排为重点，不断采取措施来保护环境，使启迪环境成为中国循环经济领域的代表。

第二，创新模式布局垃圾分类。垃圾分类是建设绿色环保城市的起点，这是重要且必须做好的工作。垃圾分类除了模式创新外，还需要技术上的创新才能做好。启迪环境希望成为无废弃物、无污染的企业。建设无废物城市的必要条件包括垃圾的分类、处理和再生，只有协调好经济发展与社会环境的关系，才能真正实现城市环境的综合治理。

启迪环境基于自身优势，针对不同地区与人员、不同需求与矛盾，提

出了“环境保护与能源治理”的生态理念，为循环经济的发展提供切实可行的解决方案。

二、新时代循环经济替代模式

当前，处理城市生活垃圾的方法主要有以下几种：垃圾填埋处理、垃圾堆肥处理、垃圾焚烧处理、垃圾回收再利用。本书对我国城市生活垃圾处理的现状进行分析，发现我国城市生活垃圾处理设施约有500个，其中垃圾填埋处理厂占比超过60%，堆肥处理厂超过10%。由此可以得出结论，目前我国垃圾处理集中于前三种方式，尤其是集中于填埋处理，对于垃圾回收再利用，可以说少之又少，没有引起重视，如图3-1所示。目前我国首先应当解决的问题是如何加强对城市生活垃圾的循环利用。

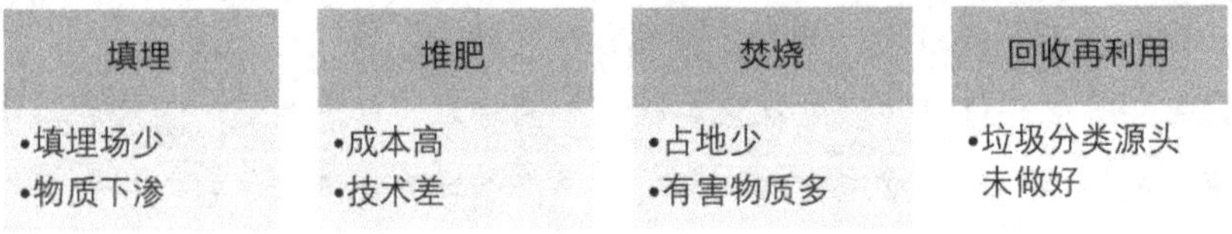

图3-1　城市垃圾的处理

垃圾的填埋处理可以说是历史最为悠久的垃圾处理方式了。我国人口众多，每天产生的垃圾量大，填埋处理方式因其一次性处理量大、操作简单方便、成本低廉的特点而得到了广泛的应用。但是由于我国相关法律政策的缺失，填埋方式产生了一定的危机。正如前文所述，直接粗暴的填埋方式会对土壤、水体与大气造成不同程度的污染。首先，它占用了大量的土地，这对人口数量巨大的我国是不利的，而且垃圾不易降解，这表示它会占用土地极其长的时间，使能够用于填埋垃圾的场地越来越少。其次，如果不能得到妥善处理，那么垃圾中所含的病毒、重金属等有害物质会随水渗透到地下水中，使地下水水体产生安全隐患。

我国当前采用堆肥方式来处理城市生活垃圾的方法仍有许多缺陷。据相关调查研究显示，混合收集的城市生活垃圾杂质多，堆肥效果差，成本高，难以适应农田生产环境，不适合投入使用。一些中小型城市的堆肥技术水平很低，同时回收的垃圾中杂质很多，导致堆肥收益差，许多堆肥厂已经关闭。更广泛使用的方法是机械堆肥。由于机械设备不足，运作成本偏高，以及城市垃圾杂质的混杂，堆肥的质量也不高。同时，堆肥残留的废物及这个过程中产生的气体都会污染周围环境。因此，改善堆肥技术，降低堆肥成本是如今堆肥处理面临的难题。然而，从根本上来说，解决堆肥方式问题最有效的办法就是从源头把控，从垃圾分类做起。试想，若是在垃圾分类环节就做好工作，那么用于堆肥的垃圾杂质就会很少，堆肥质量自然就高了，而且这个过程的处理成本也较低。因此，有必要制定相关法律来进一步规范垃圾分类，并深入到公民心中，鼓励人们自觉自主地进行垃圾分类。

随着垃圾数量的不断增加，掩埋和堆肥显然难以应对这种快速增长的态势，因此我国越来越多的城市采取焚烧的方法处理生活垃圾。焚烧处理有其优势所在：设备占地少，设备处理能力大、效率高，且焚烧产生的热量可用于发电等。近年来，我国各种计划的出台也促使垃圾焚烧方法的迅速推广。然而，近年来垃圾焚烧也受到越来越多人的诟病，原因就在于其焚烧产生的气体会污染大气，对人们的生活环境造成危害，而且燃烧垃圾产生的大量CO_2也是温室效应的元凶。此外，垃圾若不进行合理分类，焚烧过程中有害垃圾还可能产生一种名为二噁英的物质，这种物质毒性极强，会对人体产生无法逆转的伤害，而我国对这种物质的限制并不严格。为了改变这种现象，一方面，我国需要加强对垃圾焚烧的监督，加大执法力度，建立焚烧厂，进行垃圾焚烧处理都必须严格按照法律标准，自觉接受检验。另一方面，对居民垃圾分类的意识的培养也需要引起重视。

在对城市生活垃圾的处理中，回收利用这种方式使用较少。主要原因在于我国多年来从未严格要求进行垃圾分类，人们的分类意识比较淡薄，在城市生活垃圾处理中，填埋、堆肥、焚烧三种方法较常使用。能够回收利用的生活垃圾往往随着无价值的垃圾、有害垃圾一并处置，失去了其价值。

综上所述，由于种种原因，当前我国城市生活垃圾的主要处理方法实施效果并不好。因此，在新时代大力发展循环经济，通过循环经济方式处置城市生活垃圾势在必行。

专栏3-2

龙净环保：十万亿元环保市场谁将胜出

一、公司介绍

福建龙净环保有限公司（简称龙净环保）是中国环保行业的领先企业，也是国际知名的大气环保设备制造商。40多年来，它一直专注于环境保护的研究、开发和应用。业务范围包括空气污染处理、水污染处理、固体废物处理、土壤修复等。

龙净人肩担“净化环境，造福人类”的使命，坚守大气阵地，勇于拓展非大气领域，保持较高的市场领导地位，坚持先进技术，向生态环保全产业链不断开拓进取，朝着把龙净环保打造成“世界一流生态环保企业”的战略目标而不断奋进，为国家在蓝天、碧水、净土的三大保卫战中做出卓越贡献。

二、龙净环保循环经济发展战略

毫无疑问，“人们对美好生活的向往”应该包括对美好生活环境的向往。无论是大气污染、水污染还是土壤污染，人们对环境保护的关注最终将体现在政府部门更加重视环境保护的行动中，并最终体现在循环经济的发展上。

1. 关注行业发展，注重市场调研

环保产业发展循环经济的最大特点是其发展需要靠政策拉动。就目前而言，环境保护这种看似无利可图的做法不是公司的主动需求，而是被动的需求。环保企业必须具有一定的战略远见。客户对环保产品的需求取决于国家的强制性政策和社会最紧迫的需求。任何产品的开发和生产都必须先进，同时具有一定的适用性。循环经济的发展应考虑市场因素的结果。

2. 重视创新

坚持科技求生存，重视自我创新能力。“创新”一直是龙净环保的核心理念，创新能力的提高一直是企业发展的核心动力。龙净环保依靠以技术为基础的生存战略，重视自我创新能力，在不同时期率先开发出国内领先的产品，如图3-2所示。高度重视创新能力的提高是龙净环保发展壮大的不竭动力。不断创新，才能不断发展，才能取得成就，为循环经济发展创造新的高度。

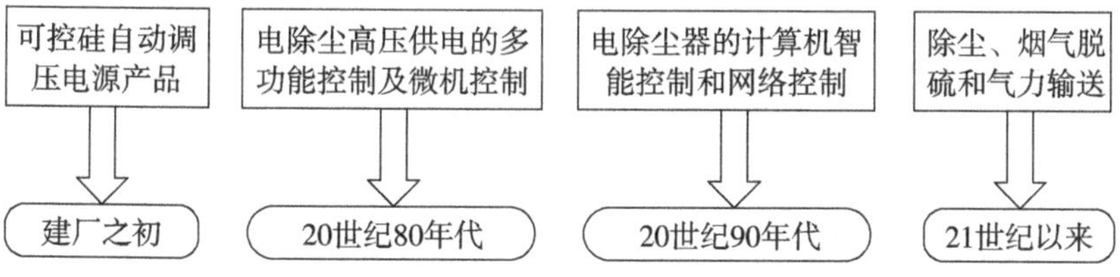

图3-2　龙净环保不同时期的创新产品

三、循环经济之本

实现资源的循环利用是循环经济的最终目的。循环经济产业链的形成也正是基于这个目的。如何科学高效地实现资源的循环利用是循环经济形成的根本。

第一，注重创新，增强环境意识。创新是企业发展的基础，任何想要成功的企业都必须注意创新能力的培养。企业应提高科技创新能力，努力降低产品的碳含量，并尽可能使用环保的生产设备。对环保行业的公司来说，环保意识是其发展的根本动力和不竭的动力。近年来，人们的环保意识大大提高，企业更加需要提高自身的创新能力，不断开发适应性强的新产品。同时，他们必须整合许多环保公司的技术优势，借鉴国内外最新优秀技术，并以此为基础，融合创新，以期创建出一种循环经济的新模式。

第二，注意变化，做出果断的决定，抓住机遇。政策的任何变化都会对环保公司产生很大的影响。龙净环保发展的关键是着眼政策变化。当一个国家出台某种政策或某些国际和国内环境保护政策发生变化时，它可以迅速做出反应并采取相应的策略。环保企业的发展必须顺应政策发展趋势，注意政策变化。只有不断加大科研投入，不断提高产品质量，才能真正开发一代、造就一代、引领一代、造福一代，才能真正建设循环经济发展模式。

持续创新，加强合作，遵循政策，具有危机意识和整体眼光是龙净环保的长期业务战略。只有这样，才能发展循环经济，带动国内环保企业循环经济模式的建设。

三、“政府热，市民冷”：生活循环之弊病

我国在很早以前就已经开始摸索垃圾分类，并在尝试启用，然而效果并不明显，“政府热情推广，市民反响冷淡”的现象十分突出。政府致力于推动垃圾分类工作的进行，并且在实施垃圾分类政策的过程中投入大量人力、物力、资金。尽管许多市民在接受调查访问时表示愿意支持垃圾分类，但是他们实际的参与度并不高，并且还存在许多错分、误分的情况，多数市民并不能直观感受到由垃圾分类带来的环境福利。大多数市民未能将垃圾彻底分类，他们缺乏相应培训，不能下意识分出干湿垃圾，对分类的意识尚显薄弱。干湿垃圾混杂导致其含水量较高，进入垃圾焚烧厂处理时，不仅影响处理效率，还增加了排放污染的可能性。

通过详细的问卷调查发现，居民不对生活垃圾进行分类的原因有以下三个：不知道怎么分类、懒得分类、觉得没有必要分类。因此，政府有必要举行一些行之有效的宣传教育活动，或者直接通过法律的力量，使居民明白垃圾分类的意义，了解垃圾分类的方法，从而让他们自觉自主地进行日常垃圾分类，确保垃圾的减量化和资源化。

以垃圾收费制度为例。我国对垃圾处理采取的是固定收费制，也就是说我国对每家每户征收的垃圾处理费是统一的，无论垃圾量是多是少。政府采取这种固定收费的模式，难以发挥出市场效应，居民对垃圾进行分类抑或是不分类要缴纳的垃圾处理费用是相同的，居民自觉进行垃圾分类的积极性自然难以提高。如果居民产生的垃圾量越多，分类越不彻底，垃圾处理费也就越高，反之，如果产生的垃圾量少，分类得比较彻底，相应的垃圾处理费也就较低，自然可以加快推进垃圾分类。

还可以学习其他行业采用积分制，分类垃圾可获得一定积分，积分累积后可换取一些物品，以此激励居民进行垃圾分类。这样不但能够使个人养成垃圾分类的良好习惯，还能简化政府工作，降低其监督管理成本。

专栏3-3

盘江股份：区域优势造就区域龙头地位

一、公司介绍

贵州盘江精煤股份有限公司（简称盘江股份）1999年在贵州成立，是由盘江煤电有限公司、中国煤炭进出口集团公司、福建煤炭工业有限公司等8家法人共同发起设立的，集开采、加工、生产销售于一体的大型企业。

二、盘江股份如何走好循环经济之路

资源循环利用是循环经济存在的基础，资源、环境、生态与经济的和谐发展则是循环经济不断努力、期望到达的目标。盘江股份突破现有的产业布局，加快实现产业转型升级，扩充公司主营业务范围，进一步提升公司的竞争能力，提高盈利水平，增加新的利润增长点，同时，公司也将实现清洁、环保、高效的循环经济发展之路。

第一，坚守安全和环保两条底线，确保公司持续稳定发展。深入认识安全工作和环保工作的重要性，公司要稳定发展，想提高经济效益，就必须做好安全环保工作，保障企业健康运行。要坚持安全与环保并重，牢固树立红线意识和底线思维，以铁一般的纪律、踏实的作风、真的干劲来寻找并实行积极有效的措施，努力把安全环保工作做好。强化安全质量标准化建设，建立“三位一体”的煤矿安全生产标准体系，对安全风险进行分级管控，对隐患进行排查控制和制定安全质量标准，以更高的水平进行更安全的生产。与此同时，要抓好非清洁能源的治理工作，加大环境保护力度，加强对生产环境进行综合治理，促进循环经济发展，营造良好的生产生活环境。

第二，加强规范运作，全面提升公司治理水平和治理能力。公司坚持“以发展促规范，以规范保发展”的原则，继续加强内部控制，不断提高污染治理水平，从制度和流程的建立完善入手，让公司管理制度更加规范，不断提高风险控制能力。建立和完善公司对环境治理的相关流程，逐步形成规范、高效的文化理念，让风险能被控制，环境能被治理，并将其融入公司的治理规则、内部控制制度、企业文化和战略规划中，促进循环经济的发展。

三、技术创新的持久动力系统

循环经济发展的目的是寻求资源可持续利用、环境保护、生态恢复与经济发展的平衡点。盘江股份作为传统煤炭企业，面对煤炭行业的挑战，走上了转型升级、发展循环经济之路。

1. 加强战略管控，做强做优做大煤炭主业

这家公司的主要业务是煤炭，加强、优化、拓展煤炭主业，既是落实各级政府决策部署的需要，也是公司充分发挥自身优势、加快经济发展的现实需要。因此，公司以自身实际为依据，确定了“煤炭为主、产业链延伸、科学发展”的发展战略。公司将抓住地方政府重视煤炭行业的机会及国家大力推行供给侧结构性改革的机遇，优化和扩大煤炭工业，加快发展以煤炭为主，电力及相关行业共同发展的模式，努力成为行业中的佼佼者。

2. 加强生产经营管控，确保经营目标实现

加强对生产的规划性，用科学高效的管理方法来组织企业的生产，精心规划煤炭资源的开采和加工利用，让生产过程不间断，提高企业效率。实行收入固定、支出固定的综合预算管理制度，加强资本成本预算管理，严格控制成本支出。在公司效益最大化的同时，发展循环经济。

经济的增长不能以资源过度开发、肆意浪费、环境的恶化为代价，但

是也不能因噎废食，为了资源、环境而不发展经济。如何在它们之间找到一个平衡点，既能保证经济发展，又不对环境造成难以逆转的伤害是循环经济的发展方向，盘江股份就是很好的例子。

第二节　企业循环经济价值最大化

发展循环经济是促进经济发展的巨大推手。因此，我们必须采取节能环保措施，大力实施有利于企业与社会环境的项目，加强技术改造和环境保护，抓住当前有利时机，加快建设环境保护政策体系。

一、循环经济价值链

哈佛商学院的迈克尔·波特是最早提出价值链理论的人。价值链理论的核心观点认为，一系列创造价值的活动构成企业的价值链，这些活动分布在生产销售各个流程中，从原材料的获取、产品的生产到最终被消费的各个环节都是价值链的构成要素，每一环节都互关互联。价值链是一个由一系列价值创造活动组成的有机系统。从成本和差异化的角度来说，企业通过提供比竞争对手更低价或更优质的产品来获取竞争优势。基本价值链模型如图3-3所示。

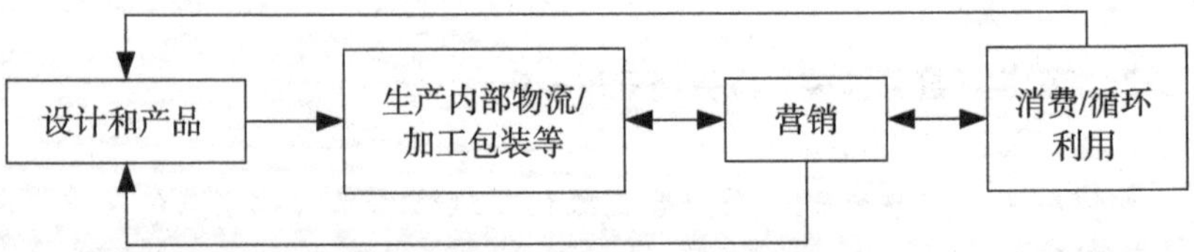

图3-3　基本价值链模型

人类通过社会劳动创造了循环经济。循环经济的运作过程总是伴随着物质的产生和消耗，因此难以避免地会导致价值波动，从而形成了循环经济的价值流。循环经济的发展有许多限制，资源、环境、法律等方面制约着企业内部价值链的各项活动。循环经济因其独有的特点，影响着企业价值链的产生，也影响着企业价值链分析的结果。

在循环经济模式下，要积极采取相关措施，促进企业价值链向环境价值链的转变。环境价值链包括企业对环境的影响，这就打破了传统价值链的局限性，改变了传统线性价值链模型，从更广泛的意义上反映了产品价值在整个生命周期中的增减。环境价值链考虑到了成本的作用，环境价值链把环境作为一个成本放在价值分析系统中，这体现了其优越性：不仅考虑经济成本在生产经营的过程中的影响，而且没有忽略环境成本在产品的整个生命周期中的作用，这拓展了传统价值链分析系统的视野，实现了经济和生态价值分析的统一。循环经济对传统基础价值链的改造如图3-4所示。

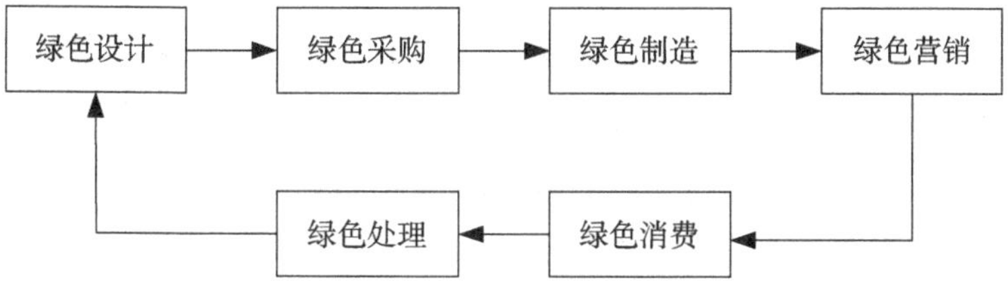

图3-4　循环经济对传统基础价值链的改造

二、循环经济供应链

与传统的资源消耗大、利用效率低，以外部环境为代价获取企业利益的企业模式不同，循环企业注重生产过程要节约原材料、减少污染排放、循环利用废弃物等。波特教授认为企业的生产销售活动能够创造价值，企业的价值链是企业所从事的各种活动的集合，如图3-5所示。

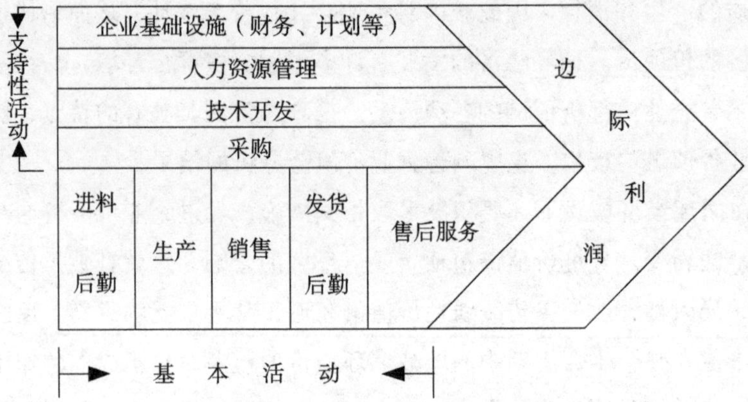

图3-5　企业生产价值链分析

企业价值链对生产各环节都严格要求，以最低的环境影响为原则，将循环理念应用于原料的采集、加工、生产、制造、使用和废弃整个生产周期，企业的循环生产应该集中在供给方面。

第一，进料、后勤环节。要保证产品质量，就必须加强原材料的质量把控。在产品质量得到保证的前提下，进一步鼓励使用可再生材料，考虑成本因素，提高原材料的利用率，就近采购，以降低运输成本。

第二，生产环节。依靠清洁技术的创新系统和连续绿色升级的技术结构，在资源开采过程中，减少浪费、减少污染和增加效率，进行综合开发利用，在整个生产过程中减少资源、能源消耗和污染的产生，并加强材料的回收或再利用。清洁生产活动最重要的问题是将生产中的各环节综合整合形成清洁过程体系，完成从产品生态设计到绿色产品形成的转变。

第三，发货、后勤环节。企业产品的运输和储存是生产和销售的重要中间环节。企业应在不断改进生产工艺的同时，及时采取措施降低运输和仓储成本。在必要的储运环节，加大技术与人才投入，探索更加创新的制度。例如，不同地区的企业可以建立一个共同承担储运业务的存储和运输公司，这不仅有利于降低运输存储的成本，还有利于对环境的保护，从而实现经济与环境的“双赢”。

三、循环经济产业链

建立良好的循环经济产业链，不仅可以节省资源，保护环境，还可以为企业创造可观的财富。

循环经济生态网络不仅可以存在于大型企业中，也可以存在于多个企业合作形成的与资源有关的产业链中。产业链是指在一个关键的最终产品的形成和最终消费过程中所涉及的不同产业部门之间形成的链条。将多条产业链连接起来，可以形成产业生态网络。

产业价值的实现和创造是产业链形成的驱动力，产业链的目的是产业价值最大化。将废旧产品和废弃物重新投入生产领域，转化为有用的资源，可以大大降低成本，产业链上的企业就可以实现价值的增加和利润的增加，促进了循环经济产业链的发展。通过合作企业层面的价值创造和整个产业链中的价值积累，可以体现出循环经济产业链的耦合效益。例如，通过产业链的耦合效应，企业可以获得由分工与合作、资源互补形成的规模经济和范围经济，不仅提高了企业的能力，还能提高整个行业的竞争力，又可以促进企业合作，最终提高整个经济系统的经济效益。

循环经济产业链与普通产业链存在很多不同，其中最大的区别就在于它更强调产业链中各企业之间的互利共生关系，是一个庞大而复杂的系统，它的子系统之间能否实现动态平衡是循环经济能否获得最佳经济效益的关键。任何一个产业链节点通常都会影响整条产业链，因此产业链的耦合机制非常重要。产业链转型的关键是价值发现和价值增长。

循环经济产业的价值链是一个将价值发现与价值升值相结合的过程。资源的最大利用实现了资源价值的完全转换，同时兼顾了经济和环境效益。与传统经济价值链相比，循环经济产业链的价值链更长，企业间的相互依赖性更强，价值链各节点相互交叉，形成网状结构，表现出迂回、环形的特点。

一定区域内的产业集聚有助于推动循环经济产业链的发展，加大企业创新力度和优化产业链结构对提高产业链绩效具有重要意义，因此，在市场力量的基础上，政府应该建立相关的法律法规，提高大众的循环意识，促进产业链绩效的提升。例如，生态工业园区的建设会连接不同企业，在企业或行业之间形成一个生态工业网络，进行资源共享和产品互换等有利于行业发展的行为，实现物质的循环流动，使资源得到合理配置和最佳利用，大大降低环境污染的风险，同时大幅度提高了园区内有关企业的经济效益。

第三节　生活垃圾综合治理的出路

垃圾围困为人类敲响了警钟，使人们意识到了环境保护和垃圾回收的重要性。因此有必要尽快引入和实施与生活垃圾处理有关的管理规定，并引入多元化的主体参与该行业的发展。致力于构建协调的产业链，提高全社会的环境保护意识和垃圾分类管理意识，以达到有效和完善管理城市生活垃圾分类的目的，从而确保我国各城市垃圾分类工作的顺利开展。始终坚持将循环经济发展理念作为整个垃圾分类治理工作的指导原则，并将这一思想贯彻落实到法规中，在经济发展过程中加强对环境的重视，制定科学、全面的垃圾处理处置法规。对城市固体垃圾，采用事前预防和源头治理方法。在处理垃圾之前，我们必须先对垃圾进行分类。从源头上讲，城市生活垃圾处理场的规划、垃圾分类、分类垃圾的循环利用必须基于循环经济的概念。

一、法制化：经济循环“有形之手”

目前，我国的城市生活垃圾管理还属于粗放式管理。居民将生活垃圾放在垃圾箱中，然后环卫工人将它们收集起来，以进行统一管理。这种方法不仅浪费了有可能产生宝贵价值的生活垃圾，而且在统一处置过程中造成二次污染，排放的废气和废渣不仅污染大气和水源，同时也威胁到城市居民的正常生活。因此，利用法制化这个经济循环“有形之手”来规范循环处置城市的生活垃圾是有必要的，如图3-6所示。

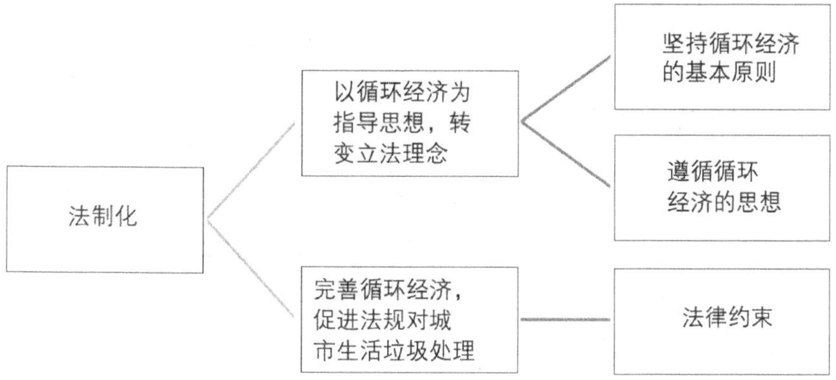

图3-6　处理生活垃圾的法制化手段

1. 以循环经济为指导，转变立法理念

第一，坚持循环经济的基本原则。我国必须充分地将循环经济的概念及其相关准则与城市生活垃圾的立法思想和原则相结合。循环经济始终将“减量化、再利用，资源化”作为发展的基本原则。减量化原则是指在源头减少垃圾的产生，尽可能减少社会上的污染物排放，鼓励企业在生产过程中多使用可回收材料，鼓励消费者在消费时尽量选择可回收材料制成的产品；再利用原则是鼓励对仍有使用价值的物品不要随意遗弃，而主张对其进行多次利用；资源化原则是提倡将生活垃圾转化为有价值的资源，充分发掘出垃圾中隐藏的可用价值，提高资源利用效率。

第二，遵循循环经济的思想。循环经济主张的“3R”原则是一个协调且不可分割的有机整体。任何资源都难以承受无限制的开发和利用，因此资源应当受到珍惜，对每一种资源，都应当物尽其用，循环利用，发挥出它的最大价值，当其使用价值耗尽，成为真正意义上的垃圾时，也不能放松警惕，而应当对其进行妥善处理。尽管循环经济的三个原则能够指导垃圾被有效利用，但它不能有效指导生活垃圾的末端处理。针对城市生活垃圾的相关管理方法和固体废物防治法均参照无害化处理原则。无害化处理指的是在城市生活垃圾处理的末端环节，对垃圾进行处理，需要达到一定的标准，以最大限度地减少环境污染。

2. 完善循环经济，促进法规对城市生活垃圾的处理方法

目前，中国唯一与上述思想相吻合的法律只有《循环经济促进法》。该法对城市生活垃圾的循环利用具有很大的推动作用，也为城市生活垃圾的循环利用奠定了法律基础。这部法律以强制性要求和经济激励相结合为立法宗旨，全面反映了城市生活垃圾循环利用的重要性，它鼓励加大技术人才的投入，不断提高技术水平，鼓励社会广大人士积极参与，对处理城市生活垃圾具有很强的指导意义。循环处置城市生活垃圾首先要有法律上的限制，既要手段强硬，又要给予相应的经济激励。通过制定专项法律来强化和约束对城市生活垃圾的处理，有利于促进城市生活垃圾循环处置的推进。同时，国外法律体系中也有许多行之有效的相关条例值得我们借鉴参考，从而丰富我国现行法律。

法律是政策实施的有力护卫者，它在循环经济顺利实施的过程中起到重要且无可替代的作用。在以循环经济为基础的立法体系中，将基本法律、生活垃圾循环处理条例及相关的配套法律纳入。循环经济理念不能光用作口号，而应当在实践中不断应用、改善，最终达到保护环境和节约资源的目的。

专栏3-4

中再资环：资源回收“破烂王”

一、公司介绍

中再资源环境有限公司（简称中再资环）成立于1996年，是一家规模很大的控股公司，在上海证券交易所上市。公司始终将环境问题置于首要地位，遵循“生态环保”“服务社会”的企业宗旨，秉承“网络，资源，环保，品牌”的经营理念，努力为成为世界一流的资源与环境服务商而奋斗。

该公司主要以废弃电子电气产品的回收利用及工业园区中废物的综合处置为主。它拥有多家子公司和一个分公司，公司的服务网遍布全国各地。其主要从事的是废电的回收和拆除处置，其子公司均具有废旧电清折的资质，目前在全国范围内建立了全面、稳定、优质的废旧电力回收网络，每年要处理千万台废旧电力设备。

二、中再资环野心勃勃

随着我国电子行业的快速发展，每年都有许多电子产品报废，市场前景可观。中再资环对废旧电子和资源回收行业的前景十分看好，并雄心勃勃地不断增加其可再生资源回收业务，并致力于发展循环经济。

1. 扩大产业布局

积极布局外延，填补国内回收领域的空白，率先建立大规模的环境保护和资源利用平台，促进产业发展。公司业绩显著增长，远远超过其他废电拆解企业，在行业中处于领先地位，充分体现了公司发展的野心、对行业可持续发展的信心及对促进社会环境保护的责任感。

2. 建立并深化产业链

建立资源回收利用现代网络系统，增加现有网点生产能力，深化资源加工链。在废弃电子电器产品的回收和拆解领域，对废旧家电进行大规模回收和拆解，分类及部分加工，出售废铜、废塑料和废玻璃等可二次利用的资源。

3. 优化拆解处理品种结构

利用动态调整机制，科学地对生产经营的资源配置进行优化，提高产品附加价值，提高物料拆解的精细程度，优化拆解处理品种结构，盘活存量资产，同时适当增加产品销售力度，以提高资金周转率。与此同时，巩固深化与其他大型产废企业的战略合作。加大对工业园区垃圾一体化处理细分行业中其他大型企业尚未进驻的领域的关注力度，在适当时候进驻这些领域。还需要继续丰富和完善垃圾综合利用一体化处置方案，提高服务的专业性与规范性。

三、逐步构建循环经济系统

随着国家法律、政策及相关标准的逐步完善，回收技术的进步和循环经济理念的不断发展，废弃电子电器产品的回收处置及综合利用行业正处于快速发展阶段。产品的回收和拆解量显著增加，处理产品的结构更加合理，集团化效应逐渐显现，管理变得更加科学和规范，行业的资源和环境效益日益明显。

第一，提供一体化的回收服务方案。国家不断加强对工业中可再生资源利用的法规要求，加大对固体废物的采购和处理过程中对环境违法行为的监管力度。大型工业企业因自身的标准化管理和满足环境保护监督要求而倾向于与专业化和标准化的大型工业废物处理公司合作。中再资环实现资源的循环利用的过程是：首先与各工业园区签订一体化的服务协议，其次通过分类、筛选和资源回收对园区内的固体废物进行处理，最后生产可再生原料。

第二，多措并举推动企业规范有序发展。当前废物资源行业面临着综合利用率较低，大宗商品价格不稳定，人工和技术成本上升及废弃物回收难度大等一系列行业特征，中再资环积极地改善和提高效率，加大对网络、管理、销售平台、技术等方面的投入，优化资源配置，加大融资力度，完善内部的控制机制，促进企业转型升级，确保经营效率保持增长态势。

生态文明建设的重要起点是发展循环经济。在中国共产党第十九次全国代表大会的报告上也有提到，建设生态文明是中华民族可持续发展的千年大计。通过自身的努力，中再资环逐步建立了循环经济体系。

二、市场化：经济循环“无形之手”

循环经济健康发展的关键是形成一种资源配置机制，这种机制更多地依赖市场的运作。让市场经济说出生态真相不仅可以节省资源和保护环境，而且可以节省交易成本。市场化是调节循环经济的“无形之手”。

1. 循环经济的价值基础

虽然循环经济需要大量的投入，但它也存在着巨大的利润空间。主要收益来源有两个方面，一是通过循环使用废物，用于生产商品所产生的经济利益，二是通过采取有效的方法方式来降低废物排放成本，从而提高效益。就价值活动属性和价值构成而言，循环经济的产业活动就是一个不断发现价值并创造价值的过程。

产品的价值创造和价值实现的结合就是我们说的价值链。它既包括投入资源，即用于生产的资源的价值转移，又包括人类通过劳动的价值创造。传统的价值链只看到经济利益，而忽略了环境资源。循环经济价值链是价值发现的过程，它重视生产销售活动对社会环境造成的影响，从投入生产的自然资源和制造的主要产品开始，然后对副产品进行合理配置和利用，将剩余资源“吃干榨尽”，最大化发挥资源的作用，最大化实现资源价值转移。传统价值链注重采取方法来提高企业的核心竞争力，而循环经济价值链则更希望通过对资源的充分利用来降低成本，以此来促进经济和提升环境效益，逐步接过生态责任的重担并最终提高绿色竞争力。循环经济产业价值链中的资源价值可分为外显价值和潜在价值。潜在价值只有在一定条件下才能被挖掘，为此需要不断提高技术创新水平，提高产品研发能力，以挖掘资源的潜在价值。图3-7是循环经济产业价值链模型。从图中可以看出，传统的价值链是一条线性过程，这是由于传统经济是线性经济，价值链的价值创造是外显的；循环经济价值链则是封闭状态，循环经济产业价值链是由其生产过程中的各个环节组成，对潜在价值的挖掘在这条价值链上始终有所体现，因此这也是一个价值循环过程。

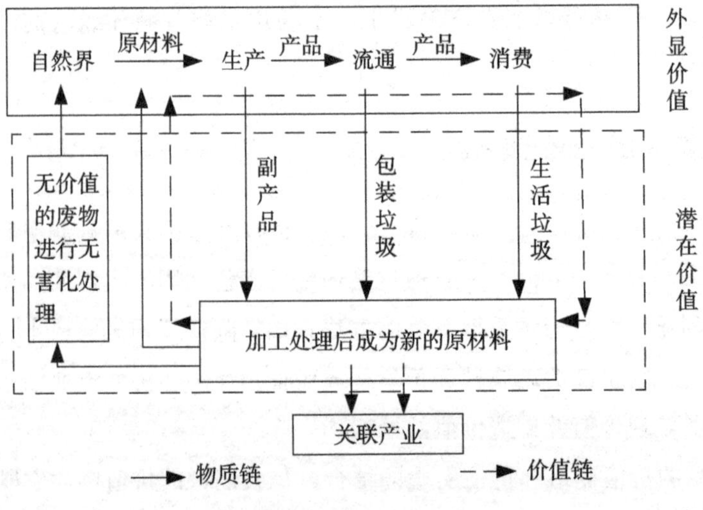

图3-7　循环经济产业价值链模型

2. 循环经济的市场形成过程

在传统的经济增长方式中推行循环经济，即使是在发达的市场经济条件下，由于公共物品的外部性和资源、生态、环境等方面的信息不对称，市场机制的作用也受到极大的限制。可以说，在生态学领域，如果以传统经济理论为主体，经济必然处于不发达的市场经济阶段。因此，需要政府增加制度供给，完善市场体系，让市场机制在循环经济发展中发挥更好的作用。市场机制的优势在于资源配置的效率、交易信息的披露及内部的激励和约束。如果市场在实施循环经济中发挥基础性作用，不仅可以提高经济运行质量，节约成本，而且可以大大减少政府直接干预微观经济活动所造成的寻租、腐败和价格扭曲，从另一个层面反映了节省的概念。

专栏3-5

瀚蓝环境：综合环境服务领跑者

一、公司介绍

瀚蓝环境股份有限公司（简称瀚蓝环境）是一家专注于环境服务的上市公司。其业务领域包括供水服务、排水服务、固体废物处理、能源服务等，秉承“地球公民的自然和善”的核心价值观，坚持“城市好管家、行业好典范、社区好邻居”的社会责任理念，致力于为各城市提供生态环境服务办法和生态问题解决方案，以达成人与自然之间的和谐相处的目的。

二、瀚蓝环境“大固废”战略

循环经济的基本理念是资源最大化利用和资源最小化浪费，形成“资源—产品—废物—资源”的封闭循环，实现资源的可持续利用。循环经济是资源节约、环境保护和经济增长的有机统一。

第一，固废全产业链覆盖。通过与德国瑞曼迪斯合作并持有驼王生物，瀚蓝环境将其固体废物业务从家庭废物、厨房废物处理等领域进一步扩展至危险废物处理、农业废物处理等领域，以实现“前端垃圾运转—中端垃圾处理—末端渗滤液及其他处理”的产业链全覆盖，“大固废”战略稳步推进。

第二，水务与燃气提供稳定现金流。水务是瀚蓝环境最早进入的业务领域。业务已经较为成熟，已形成了“取水—产水—输水—终端服务”的供水服务产业链和“污水处理运行维护—泵站管理—污水处理厂运行管理”的污水处理产业链，是其最大利益来源。自公司的燃气业务开始布局以来，水和燃气业务为公司的循环经济提供了现金流支持。

第三，环保行业市场空间广阔。我国的大气、水和土壤环境仍有很大的改善空间，生态环境仍然存在不足。环境治理具有高质量内需，在稳定投资存在的背景下，环境治理就有了积极的外部性。在这种情态下，基础设施建设的焦点将集中于农村环境建设，城市生活垃圾，城市废水，危险物处理以及重点流域黑臭水体的综合治理上，预计循环经济体系有望顺利形成。

三、循环经济发展快车道

随着循环经济理念的不断发展，我国可再生资源产业的发展已逐步进入“快车道”，行业的回收量和回收价值实现了双倍增长。资金的流入已成为近年来大规模资本流动的方向之一。

第一，依托创冠中国，推广南海产业园模式。公司在我国南海地区的城市固体废物业务几乎涵盖了所有类型的固体废物，并已形成了固体废物工业园区模型。从公司改名字为“瀚蓝环境”可以看出，公司未来着重发展的方向是环境服务与向异地扩展。收购创冠中国是公司突破区域壁垒并进军全国的最重要步骤，扩大了公司的成长空间。

第二，工业污水处理为污水处理业务拓宽打开了空间。2010年，公司建设了大批污水处理项目，在业务上实现了跨越式发展。当前，南海地区城市污水处理率为77%，公司污水处理业务的市场份额约为70%，已经实现垄断。而瀚蓝环境并不止步于此，它正以积极进取的态势，努力拓展工业废水处理领域，并获得大沥镇工业废水BOT项目。在未来，工业废水处理可能会成为公司的另一主要业务，支持公司的长期发展。

瀚蓝环境是一家综合性的环境服务公司，既具有公共事业的稳定性，又具有环境保护的功能。公司的燃气和水务可提供稳定的现金流，而“大固废”的布局可提供业务灵活性。它既稳健又具有成长空间。在不断产生环保需求的背景下，可以持续增长。

三、“政府+市场”双管齐下

在城市生活垃圾回收利用过程中，政府积极引导合理布局。市场在城市生活垃圾回收过程中也起着重要作用。在政府指导下，制定政策法规和标准，促进循环经济发展，形成有效的激励约束机制，促进各方实施循环经济；充分利用市场机制，调动经济主体参与循环经济发展的积极性，倡导更加环保的生活方式和绿色的消费模式，“政府+市场”双管齐下，在全国逐步形成有利于循环经济发展的良好的舆论氛围，如图3–8所示。

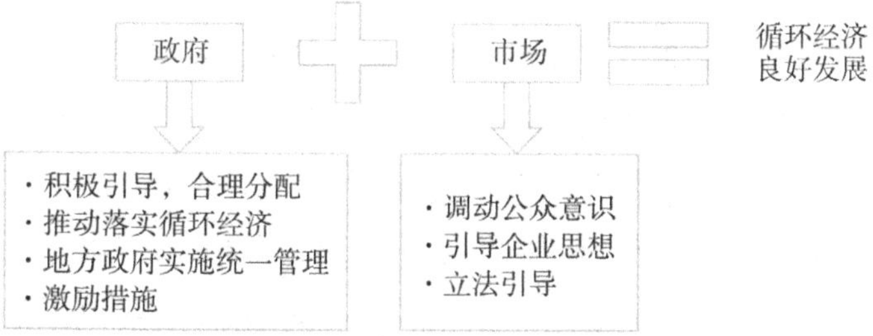

图3–8 政府与市场的作用

目前，现行的有关回收处理生活垃圾的法律较为分散，没有一个集中统一的规定。《循环经济促进法》对城市生活垃圾有以下规定：第三章要求在设计产品及对其进行包装时，必须尽量减少包装，并且尽量使用可回收材料进行包装，建立规范的包装生产模式。第四章指出国家鼓励政府对垃圾进行分类回收利用，鼓励其实行统一管理，合理安排垃圾处理站点。第五章对垃圾处理的激励措施做出了一定的规范，对合理循环利用城市生活垃圾的企业加以褒奖并减少税收。从以上法条可以看出，国家十分重视城市生活垃圾的处置。一方面，通过强制措施要求对垃圾进行合理处置；另一方面，为努力对垃圾进行处理的企业与个人提供奖励。双管齐下，加强企业与个人对垃圾回收处理的意识。不仅有政策激励措施，而且还有补贴和财政支持。在政府的倡议下，企业应选择焚化、堆肥等方式处理城市生活垃圾。尽管这些方法花费较大，但是随着政府补贴力度的加强和税收政策倾斜等许多方面的推进，许多公司选择了循环处置生活垃圾。

充分利用市场机制调动各经济主体参与循环经济发展的积极性，倡导更环保的生活方式和更绿色的消费模式。注重引导企业家、投资者树立循环经济理念，引导再生资源个体经营户增强环保意识，引导企业进行绿色生产和管理。企业生存受到经济和制度的约束，且受二者限制约束的情况和程度各有不同。从经济角度看，企业注重运作效率，期望增加收益。企业是以赢利为目的的组织，利益是企业正常运转的驱动。基于这点，企业选择参与循环经济的基本要求就是企业有利可图，需要满足参与循环经济所获得的收益不小于其需要付出的成本，只有选择，市场才能够充分调动企业积极性，使企业参与循环经济在其策略选择中整体收益最大，这样企业就会自愿持续参与践行循环经济。

市场还必须对公众参与循环经济建设起正确引导的作用。公众参与制度是公众依法参加公共事务的权利。法律必须对公民参与环境保护的权利做出规定，以确保公众有权参与到环境保护工作中来。规定公民的环境权利可以在环境保护过程中保护公民的权利。他们有权了解环境保护政策，或在自身环境权利受到侵害时能够使用法律手段维护自己的权利。公众参与城市垃圾工作的方式和方法很多。例如，公众可以积极参与城市生活垃圾分类，结合政府的倡议，有效利用资源。居民可以参与关于城市生活垃圾管理的听证会，提出自己的建议与看法。城市生活垃圾处理工作中最重要的是，要保证居民有对垃圾进行正确分类的能力并会自觉做到垃圾分类。积极贯彻《循环经济促进法》的指导思想，使居民能够感受到城市的生活垃圾如果能够回收利用，将会大大改善他们自身的生活环境，因为回收利用生活垃圾不仅可以改善大气、水体和生活环境，还可以再利用具有潜在宝贵价值的生活垃圾。市场应引导参与循环经济建设，可以通过倡导绿色消费，推广环保产品，抵制对环境产生负面影响的消费观来实现。

第四节　“环境+经济”开创绿色未来

生态优势可以转化为经济优势，环境保护是最大的民生，优先考虑生态效益不仅是民生的要求，也是高质量发展的要求。让发展与环境相辅相成，这就是高质量发展的主题。只有建设生态文明，才能带动高质量的经济发展，良好的生态环境才能承载“新经济”。生态优化、业务优化和城市优化相结合，为城市承载一流产业，吸引一流人才，实现生态保护与经济双赢，是地方努力的方向和具体做法。

一、环境：人与自然和谐共生

改革开放以来，中国市场经济的发展取得了长足的进步。但是，对经济发展的盲目追求对环境已经造成了伤害，环境问题日益突出。经济发展与环境保护是传统经济的必然矛盾。为了从根本上解决这一层次的矛盾，有必要加快实现由传统粗放的经济向重视环境保护的循环经济的转变。循环经济中环境保护和经济发展二者并不是相互对立的，而是一种相互促进、相互成就的关系。因此大力推动循环经济发展是环境保护工作的基石，实施环境保护工作也是经济长久持续发展的保障。

1. 保护环境与循环经济的关系

发展循环经济是实现可持续发展的重要途径，这也是减少污染、加强环境保护的根本手段。循环经济发展了，就会自然而然保护环境，“3R”原则（减少使用、重复使用、循环利用）是循环经济的具体体现。减量化原则针对的是生产环节，可取得仅投入少量的资源而获得与大量资源相同的效果。从经济活动的源头起，就做到节约资源投入。减量化原则要求减轻产品质量的同时缩小产品体积，为达到这个目的，可以通过减少每种产品所用的原材料数量，通过重新设计或优化制造流程，节省资源并减少排放。它要求产品具有简单的包装，以此减少资源消耗。作为一种程序方法，重复使用原则的目的是延长产品服务的时间，通过使用可重复用产品来抵制一次性用品在市场的泛滥。再循环原则在输出端得以体现，它要求产品使用完毕后，可以将废物整合并转化为可用资源。通过实施回收再利用的原则，进一步实现了减少使用原则。

2. 落实环境保护工作、推动循环经济发展

循环经济的重要内容是减少污染物的排放。因此，循环经济与环境保护是相关相连、密不可分的。“废物资源化、生产清洁化、资源节约化”已成为当今世界环境保护的先进理念。“循环节约”已成为其核心思想。有几种促进循环经济发展的措施，如图3-9所示。

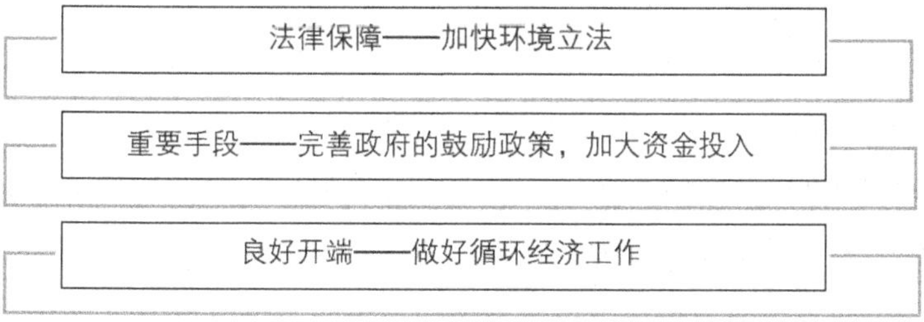

图3-9　促进循环经济发展的措施

第一，循环经济法律保障的前提是加快环境立法，做到有法可依。此前我国颁布的一些法律条款已经渐渐难以满足当代社会的需求。如今，要发展中国循环经济，就必须对现有的环境法律体系做出改变，以加大环境质量保护的力度，保证循环经济的正常运行。在这方面，国外已经有了许多丰富的实践经验值得我们学习，如美国正在使用的垃圾循环利用措施，已经成为循环经济领域的热点，也是许多国家学习的样本。我国目前存在着"垃圾围困"和"白色污染"等严峻问题，这也从侧面反映了我国环境立法的不足。今后，我们需要将循环经济的相关工作提上日程，正式纳入法定范畴，对废物的回收与管理、综合资源的利用等专项的循环经济法律法规进行研究、分析、讨论和制定，建立健全我国的环境法律体系，促进我国经济与环境共同发展、欣欣向荣。

第二，推进循环经济的重要手段，是完善政府的鼓励政策，加大资金投入力度。政府必须坚持在环境保护工作中的领导地位不动摇。目前，我国在建设垃圾焚烧处理厂、城市污水处理厂等方面发现了许多问题。综合分析，有多种原因。政府投资重点支持发展循环经济，需要做到把钱用在合适的地方，加大投资的多元化力度，对于应用循环经济有困难的企业，应予以适当的投资补贴。政府还需要做到正确鼓励引导其他社会资本流入循环经济领域，促进经济环境同发展、共进步。

第三，循环经济的良好开端，是在重点行业做好循环经济工作。企业应勇于接过保护环境、节约资源的重担，做好循环经济工作。企业各职能部门应大力支持和鼓励使用先进技术，以提高资源利用效率，促进经济可持续发展。作为再生产活动，循环经济的基本特征是资源的高效利用和环境的有效保护。循环经济在全社会的应用，不仅促进社会的经济健康发展，而且在促进环境保护方面可发挥举足轻重的作用。

二、经济：企业发展推动力

不同行业企业的经营活动内容差异很大，资源消耗和废物排放量差异也很大。因此，一些公司面临更大的环境压力，而另一些公司的压力则较小。但是，所有企业都在消耗资源并排放废物，因此它们必须毫无例外地承担环境责任。毫无疑问，如果一家公司能够自觉承担环境责任，那么它一定能够积极主动地做好循环经济。否则，被动地追求循环经济是消极的。这说明环境责任感是企业做好循环经济的前提。近年来，在我国的一些国有企业中率先进行了循环经济模型测试，并初步取得了令人满意的结果，对促进企业科学实现发展战略具有重大的意义和作用。

三、“生态+发展”勇追绿色梦想

生态文明建设是在中华民族永续发展层面上提出的重要发展思想，推动生态文明建设可谓功在当代、利在千秋。

在大力推进生态文明建设的背景下，促进经济发展，建立循环经济体系，是无法逃避的选择。

1. 生态文明为循环经济提供行动指南

生态文明的一项重要要求是尊重自然，顺应自然和保护自然。生态文明建设应坚持的总体政策是节约优先、保护优先和自然恢复。在特定的发展过程中贯彻生态文明观，应积极引导生态经济的发展，这需要绿色生产、绿色建设和绿色消费协同。无论是在农业、工业还是第三产业领域实施生态经济，都必须发展绿色产业，改变过去粗放的经济模式，并在经济发展中坚持低碳循环，支持新能源的经济发展。在生产过程中，应减少原料投入，并进行多次回收利用。在消费过程中，我们应当减少污染，真正改变传统的资源利用方式，大力减少浪费和污染。真正贯彻落实生态文明还需要注意消费方式的生态化。消费是最为贴近普通民众的经济交换过程。绿色消费可以大大减少浪费和污染，带动绿色产业的飞速发展。例如，超市购物时随身携带购物袋，不仅减少了购买购物袋的花费，同时实现了购物袋的多次使用，既实现了资源的有效利用，还避免了因塑料袋造成的环境污染。本质上，循环经济就是一种生态经济。按照生态经济的要求发展循环经济，便具有了更加明确的理论基础和行动指导。如今，国家正在大力推进生态文明建设，这与循环经济不谋而合，在带动循环经济发展中发挥了作用。

2. 循环经济为实现生态文明提供重要保证

循环经济是生态文明建设过程中无可替代的重要途径，也是实现生态文明的重要保证。这主要体现在三个方面。第一是经济支持。循环经济的发展，能够为生态文明建设提供发展资金、物质基础。如果没有由循环经济获得的资金为生态文明建设保驾护航，那么生态文明建设就如同空中楼阁，仅是个美好的幻想。第二是思想的融合。生态文明作为一种新的社会形式，体现了社会不同层次的共同愿望，即实现人与自然的和谐统一。循环经济作为一种新的经济形式，不能要求其脱离发展经济和保护环境齐头并进的基本思想，这也反映了妥善处理人与自然之间关系的重要性。而且，循环思想也是生态文明思想的重要内容，循环经济的深入也可以在理论上为生态文明提供支持和补充。第三是模式的转变。生态文明建设要求转变经济增长方式。最初的粗放型经济模式如今已不再流行，并且不适合当前的发展状况和发展要求。而此时循环经济的出现恰好解了燃眉之急，它与生态文明建设的要求完全吻合而又有自己独特的活力，可以看出，在实施生态文明理念的过程中，循环经济可以说是中流砥柱。

专栏3-6

菲达公司：大气污染治理专家

一、公司介绍

菲达公司是我国净化燃煤电厂烟气的先驱，创办于1969年。它是联合国开发计划署和各级政府支持的国家环境保护行业的领头企业。菲达公司主要从事的业务包括：燃煤电厂烟气净化，水污染处理，土壤生态修复，固废处理等。菲达公司是一家集设计、研发、创造和运作服务于一体的大型环保企业。如今，菲达公司的产品技术水平已属于国内领先，国际先进。

二 、 菲达公司的循环主义

随着经济的发展，环境保护已成为一项基本政策，在此背景下，在民众的心中，环境保护意识逐渐加深。民众深负责任感，反过来监督政府，提高政府对环保的重视程度，各级政府坚决严格执法，推动了环境保护事业的发展。国家提高了各类废气的排放标准，使环保产业追求技术进步，以实现在控制成本情况下做到达标排放，菲达公司正是在这样的环境下发展起了循环经济。

1. 技术创新功底好

菲达公司是最早进入中国环境保护行业的企业之一。19世纪80年代初，联合国计划援建中国，菲达公司获得了中央支持，接手了这个项目，成立了中国第一个电除尘研究所。菲达公司在这个电除尘研究所的基础上，积极推进技术进步。截至目前，已经花费近6000万元从国外引进7项先进技术。菲达公司拥有国家级的企业技术中心和资深专家、国家工程实验室，还有博士后工作站、院士工作站，有着雄厚的研究资本与充足的人才，因此在技术进步和人才培养方面，走上了自己的独特道路。

2. 推行精益管理

通过实施精益管理，菲达公司提高了内部管理水平，效率提高了，效益也自然而然显现了。促进企业现代化管理的目的是追求最高水平的性价比。菲达公司的精益管理为其持续发展提供了强力保障。

3. 掘金固废处理

随着环保产业的迅速发展，固体废物处理市场正在逐步开放。中国的固体废物处理产业起步较晚，仍处于发展初期。此外，国家对环境保护的重视逐步加强，对固体废物行业治理的需求将进一步释放。两年多来，菲达公司在深耕大气环境治理领域的基础上，不断拓宽了环保产业链，其发展相对较快。更值得关注的是，在战略部署的同时，它也逐渐了解了市场规律，并在环保领域看到了固体废物领域的蓝海，从而有主有次地进入行业前列。

第五节 “技术+循环”跑出加速度

循环经济以提高可持续发展能力为目标，强调使“三废”成为再生资源、节约使用不可再生资源、寻求可再生资源，并以此提高资源利用效率和保护生态环境，实现经济加速发展。通过循环经济模式发展经济，加强生态建设，广泛应用先进的技术，人类才可以创造经济财富，减小自然资源开发的强度，控制废物的数量到自然可以进行自然净化和自我修复的范围内，“技术+循环”跑出了循环经济的加速度。

一、技术：增长新动能

循环经济的性质和特征决定了其对科技有独特要求。循环经济的技术要求能够在生产过程中做到减少资源和能源的消耗，在应用过程中提高资源的利用效率，在处理过程中尽可能地减少污染，对污染物要做到达标排放，能够通过技术处理无限地循环使用那些可再利用的废弃物。

因此，在循环经济的背景下，技术创新要求全面引入人本思想和生态化思想。循环经济条件下的技术创新是在通过一定范围内的生产和消费中的技术创新、管理创新，是一系列活动的总称。区域循环经济技术创新模式如图3-10所示。

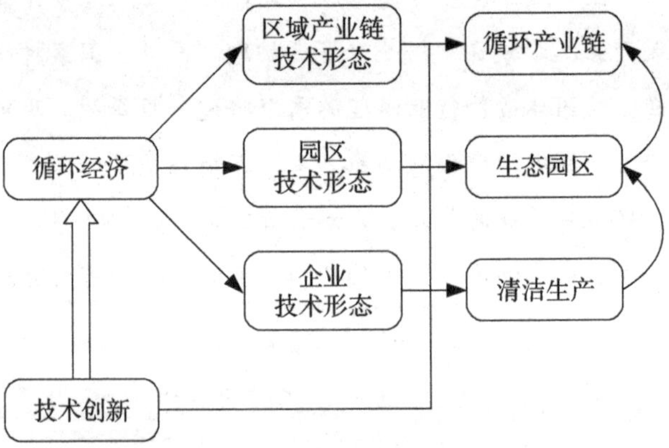

图3-10 区域循环经济技术创新模式

循环经济条件下技术创新的核心思想是通过技术的生态转化实现技术创新从利益型向生态型的转化，按照循环经济的原则组织技术创新活动，使其推动区域社会经济向良好趋势发展。循环经济条件下的技术创新主要具有以下特点。

1. 技术创新活动把可持续发展作为价值取向

在循环经济的背景下，提出了以生态保护、生态建设为目标的科技发展总体目标。它需要全方位考虑到技术将如何影响环境、生态和人类。为了实现协调人与自然环境之间关系的目的，不仅要实现商业价值，还要创造生态价值和社会价值。因此，在循环经济的条件下，技术创新是一项以可持续发展为导向的创新活动，环境保护和资源节约也就成为其目标，将技术创新活动的终端从产品市场化延伸到资源环境，如图3-11所示，资源和环境反馈信息通过从物质到概念的四个不同层次（生态产品、生态技术、生态知识和生态观念）的流动作用于技术创新的整个过程中，促进了循环经济发展。因此，在追求经济利益最大化的同时，循环经济条件下的技术创新要充分考虑资源配置、环境效益和社会效益，还必须确保具有明确的可持续发展价值取向的自然生态系统的可持续运转。

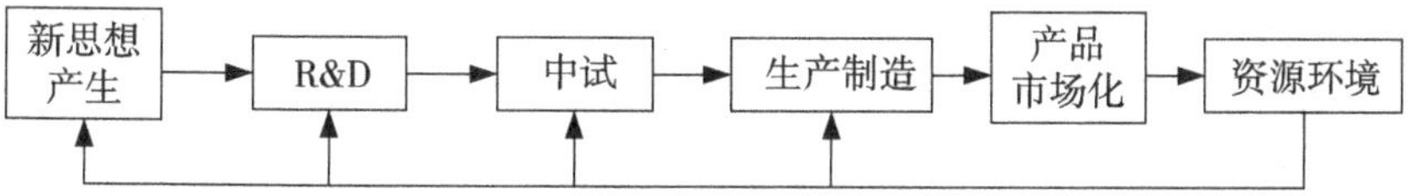

图3-11 循环经济技术创新模式

2. 技术创新是符合生态学原理的全过程创新

循环经济是基于生态学思想的一种经济模式。循环经济条件下的技术创新范畴甚广，包括产品研制开发、服务模式创新、消费模式创新等一系列过程。所以说这是一个全过程的技术创新。它的主要表现如下：一是技术创新的思维生态化。换句话说，在生产流程创新或产品开发的过程中，处处蕴含着生态学的思想。二是技术创新的过程生态化。从产品开发的想法萌芽，到其开花结果，转化成效益，都需要按照生态系统的法则，高效运行，保持整个系统正常运转。三是技术创新成果的生态化。技术是把双刃剑，其在循环经济条件下能够逐渐转化为绿色技术，从而最大限度地减少了技术的负面影响。

二、循环：发展催化剂

我国循环经济的进步与发展，需要全社会为之努力。如果全社会或社会中大部分人能够养成适应循环经济的生活方式与习惯，那么循环经济的发展便不再是个问题。那么我们如何转变生活方式呢？可以通过以下几个方面实现。

第一，倡导绿色消费的生活方式。改变传统的肆意妄为、不加节制的消费思想。绿色消费指的是人们选择购买符合环境标准的消费材料和服务，以满足生态需求的生活方式。在诸多消费方式中，绿色消费已经是大势所趋，它体现了人们价值观的根本变化。在推动绿色消费的过程中，人们会在潜移默化中改变消费去向，培养生态意识，提高环境素养，最终促进循环经济发展。

第二，实行低碳生活方式。低碳经济意味着以少量资源消耗博取大量经济效益，它是一种经济发展方式，能够促进经济发展与生态保护之间互利共赢。低碳生活是为应对温室效应而提出的，因此其目的在于减缓气候变化，实现可持续发展；其实质是提高能源利用效率，优化能源结构。具有能耗低、排放低、污染低的特点。低碳生活方式也有助于循环经济的发展。

第三，选择可持续的消费生活方式。可持续消费是指人们的消费取向要落在可回收、可循环、低能耗、低污染上，它是对传统消费模式中单纯追求低价或者优质的升级。可持续消费并不是消费不足与消费过度的简单加和，它是一种适用于所有收入水平的人的消费生活方式，是全球追求的共同目标。通过发展循环经济，我们有望实现可持续的经济和社会发展。

三、循环技术经济新未来

循环经济的发展取决于科技发展的水平。科技水平是建设循环经济的基础。从根本上看，如果没有先进技术，那么将难以将废物重新利用，追求经济就无法避免对环境的开发，而保护环境就不得不停止经济发展的步伐。当前，我国虽然已经在某些技术上取得了突破，但总体而言，我国循环经济科技水平仍然落后，尤其是我国大部分企业尚未拥有能够大幅提高资源利用率的关键性技术。

世界上许多国家都十分重视循环经济相关技术的研究，发布了许多行之有效的激励措施以创新。例如，日本为了开发和利用新能源，在1993年提出“阳光计划”。美国为建立循环技术体系，于1995年设立了总统绿色化学挑战奖（Presidential Green Chemistry Challenge Award），目的是鼓励支持那些为提高环境质量而努力的先驱工作者。英国为鼓励绿色化学学者，设立了Jerwood-Salters环境奖，该奖于2000年正式开始授予为绿色化学做出巨大贡献的人。相对来说，我国目前还没有开展相关大型活动，也没有提供相关奖项，缺乏在这方面的激励，这在一定程度上制约了我国循环技术的发展，对此，应采取一定措施来改变现状。

第一，开发适合我国国情的整套工业污染防治技术。着力安排重大关键技术的开发，如垃圾焚烧厂烟气的处理、地下水污染综合治理等。

第二，突破技术瓶颈，发展循环经济。利用现代先进技术，重点研究开发延伸产业链及相关产业环节技术、“零排放”技术、通用资源节约和替代技术、能源梯级利用技术、有毒有害原料替代技术等技术。

第三，大力发展废物回收利用技术和设备。包括城市生活污水的现场回收技术，海水淡化技术，以及废塑料、废玻璃、废电子器械等的处理设备等。

第四，大力推进咨询体系和循环经济信息系统的建立，及时向社会发布有关循环经济政策、经验和技术方面的信息，并为群众提供信息咨询、技术培训等服务。

第五，通过引进学习先进技术，通过对科研单位的扶持栽培，开展资源循环利用的综合研究，以期能够形成一个循环技术综合体系。在增加财政投入的同时，不能忽略政策的促进和激励机制，充分使用来自不同渠道、不同领域，以多种形式获得的融资资源，充分调动各方的积极性，来保资金需求。

章末案例

TCL集团：家电循环经济产业链

一、公司介绍

TCL集团创办于1981年，前身是TTK家庭电器（惠州）有限公司。一开始从事磁带制造，后来逐步拓展业务，渐渐发展到涵盖了电视、手机、冰箱、洗衣机、空调等家电的大型企业，未来还打算进军新型半导体，发展技术以提高竞争力。

作为中国企业全球化的先行者，面对当前市场迅速发展的趋势，以及国家“一带一路”倡议的提出，一个崭新的机遇摆在了TCL集团面前。它制定了全球化发展战略的路线图，计划在未来几年将继续开拓国外市场的业务。

二、TCL集团打造家电循环经济产业链

中国是世界上电子产品生产和消费大国，当前企业有很大的发展空间，可以通过申请进口废家电的加工，或者对国内废家电进行标准化管理，为企业带来巨大市场。该行业仍处于发展阶段，TCL集团现在正在进入该行业，这是一个很好的发展机会。

1. 主动回收，规范管理

当前废旧电器回收渠道仍不够完善，针对企业的销售和服务体系，TCL集团提出了双管齐下的回收路径，选择积极的回收处理和标准化管理。TCL集团两个方面兼顾，采用两种方式并行的方法来解决回收渠道问题：一方面，依靠当前已有的废品回收站，积极地和大型回收站建立起长期合作的关系；另一方面，加大投入，逐步探索适合自己的回收渠道。2012年，TCL集团就在北京建立了相关的废旧家电的回收点，此外，还组建了一个回收队伍，上门回收各个品牌的废旧家电。

2. 采用先进技术

家电回收是TCL集团循环经济产业链建设的重要组成部分，考虑到欧盟和中国的环境保护标准，TCL集团采用最先进的技术来回收处理废旧家电，为回收项目提供了强大的技术支持。通过先进技术，废旧家电处理所产生的有害物质同时达到中国和欧洲环保法规的排放标准，受到了广泛关注，为项目的实施和发展提供了可靠的环境指标保障。增加科技投入，不断优化生产程序，提高资源使用效率，使生产工艺得到改进，对整个生产系统的节能减排具有十分重要的意义。

同时开展能源管理体系建设和认证工作。对生产过程中可能产生巨大能耗的设备，要进行严格的控制和优化管理，并通过建立相关的能量流数据库，来完善实现能源管理的数字化和精细化，为TCL集团发展循环经济，贯彻循环理念，成为国内领先的家电企业提供支撑保障。

3. 提倡使用清洁能源

TCL集团通过合理和持久地利用所投入的材料持续进行经济活动，降低危害程度和减少污染物的排放，从而减少经济活动对生态环境的影响，解决他们之间的问题，实现经济和环境的双赢。并且随着我国有关清洁能源使用计划的出台，企业加快了清洁改造的步伐。TCL集团走在清洁生产的前列，成为新能源推广的领头羊。

三、回收：循环经济之重

当前电子电器生产企业在可持续发展过程中遇到了一系列问题，如何提高废旧电器资源的利用率，如何将先进的科学技术用在废旧电子电器产品的回收处理上，这关系到循环经济的实现与发展。

第一，规范废旧家电产品处理。一方面，促进旧家电的无污染、资源化循环利用，提高行业标准化程度；另一方面，将先进的现代企业管理机制融合到企业发展过程中，提高资本运营能力，从而获得对环保产业的经营经验，提高对资源的回收利用能力，为改善环境和有效利用资源做出贡献。TCL集团掌握着先进独特的技术。通过加大技术投入，提高自主研发能力，TCL集团致力于减少甚至消除污染，这在中国具有重要的现实意义。

第二，完善废旧产品的处理再生利用。通过循环使用废旧产品，能够减少资源的浪费，降低生产成本，并使环境污染情况得到改善，由于企业的生产成本的减少，提高了企业的经济效益，从而增强了家电企业在国际上的竞争力，打造了循环积极的家电产业。这不仅使企业获得了经济利益，也推进了企业的绿色和发展。这个项目加强了人们对自然环境的维护意识，也增强了企业的社会责任感，使企业走上了一条可持续发展的循环经济道路。

第三，优化拆解处理品种结构。利用动态调整机制，科学地对生产经营的资源配置进行优化，提高产品附加价值，提高物料拆解的精细程度，优化拆解处理品种结构，盘活存量资产，同时适当增加产品销售力度，以提高资金周转率。与此同时，巩固深化与其他大型产废企业的战略合作。加大工业园区垃圾一体化处理细分行业中其他大型企业尚未进驻的领域的关注力度，在适当时候进驻这些领域。

循环经济的发展有利于落实科学发展观，让经济增长方式向又快又好的方向转变。TCL集团产生于这样的背景下，抓住了当前经济发展的机遇，为广大企业提供了可借鉴的经验，具有重要意义。

四、结论与启示

生态文明建设的重要起点是发展循环经济，建设生态文明是中华民族可持续发展的千年大计。通过自身的努力，TCL集团逐步建立了循环经济体系。

第一，提供一体化的回收服务方案。TCL集团实现资源的循环利用的过程是：先与各社会团体签订一体化服务协议，而后通过分类、筛选和资源回收对社会上的废旧家电进行处理，最后生产可再生原料。

第二，多措并举推动企业规范有序发展。循环经济的实现，需要不断引进高新清洁生产技术，创新和改进传统技术，加强资源的综合利用，要发展起主导作用的循环经济产业，从而促进家电行业增长模式的转变，实现全行业的可持续发展。当前废物资源行业面临着综合利用率较低，大宗商品价格不稳定，人工和技术成本上升及废弃物回收难度大等问题，TCL集团积极地改善状况和提高效率，加大对网络、管理、销售平台和技术等方面的投入，优化资源配置，加大融资力度，完善内部的控制机制，促进企业转型升级，确保经营效率保持增长态势。

第三，扩大产业布局促发展。积极布局外延，填补国外回收领域的空白，率先认真建立大规模的环境保护和资源利用平台，促进产业发展。公司业绩显著增长，远远超过其他废电拆解企业，在行业中处于领先地位，充分体现了公司发展的野心，对行业可持续发展的信心以及对促进社会环境保护的责任感。建立资源回收利用现代网络系统，提高现有网点生产能力，深化资源加工链。在废旧家电进行回收和拆解领域，对废旧家电的大规模回收和拆解，分类及部分加工，出售废铜、废塑料和废玻璃等可二次利用的资源。

第四章
工业循环经济回收与利用

随着目前世界各国的生态环境进一步恶化，人们深刻地认识到生态环境正在遭受着巨大的破坏，资源有限与经济快速发展的矛盾日益突出。工业循环经济学具有很强的应用价值，目前越来越受到世界各国的广泛关注。工业循环是指运用循环经济原理和系统工程方法，改变人类的生产生活方式，发展人与自然和谐相处模式，发展可利用资源的经济效益以及生态环境效益，建设制度合理、社会和谐、生态健康、景观环境适宜的文化，其中，其核心是继续保持生态系统的可承担能力、完整性甚至是服务社会的性质，着眼于人类的长期生存和发展。实现这一目标的途径是通过低消耗、高效率的自然资源的力量进程可持续的循环，保证资源利用效率和生态环境支撑能力的提高，确保经济健康可持续增长，为子孙后代留下足够的生存空间。

循环经济是一种以资源的高效利用和循环利用为核心，以“减量化、再利用、资源化”为原则，以低消耗、低排放、高效率为基本特征，符合可持续发展理念的经济增长模式。

——2004年全国循环经济工作会议

开篇案例

贵州茅台："掘金"酒糟

一、公司介绍

中国贵州茅台公司总部位于贵州遵义市茅台镇，其以主导产品贵州茅台酒为核心，扩张至金融、文化旅游、教育、酒店、房地产及白酒上下游等业务。

目前，贵州茅台酒年生产量4万吨，在国内独创年代梯级式的产品开发模式。贵州茅台集团认真贯彻中央的决策部署，将以习近平新时代中国特色社会主义思想为指导，深入学习贯彻党的十九大精神，坚持稳中求进工作总基调和高质量发展新理念，以供给侧结构性改革为主线，切实做好"做足酒文章、扩大酒天地"这篇大文章，全力推动茅台发展再上新台阶，努力把茅台打造成为受人尊敬的世界企业。

二、把储存转变成生产、加工

贵州茅台酒的商业特色是，没有价格下跌的风险，还能升值。茅台酒与法国科涅克白兰地、英国苏格兰威士忌一起并称"世界三大（蒸馏）名酒"。茅台酒的保质期越长，酒的质量越好，并且正是因为酒在生产和加工过程中实现了存储时间长的特点，导致价格昂贵，贵州茅台酒也使储藏成为生产和加工的一部分。

茅台酒的主要生产要素不是工厂、机器和设备，而是自然要素，是自然产品。按照古人的座右铭"天人合一"的说法，生产高品质茅台酒的工艺实际上需要借助自然的力量，这样生产出来的产品实际上是大自然的杰作，在经济学中，体现为低成本。实际上，河水、地形、气候、微生物的价格也从未上涨，成本控制能力强，成本稳定。

三、贵州茅台的循环经济战略

绿色生产与循环经济是茅台集团的重要发展战略之一。

第一，开展复糟酒项目。茅台集团将车间剩余13万吨酒糟回收利用，据统计每年可生产2万吨复合白酒。另外，将酒精生产后的部分酒糟用于真菌栽培，替代绿色蔬菜的化肥，充分开发利用生产过程中产生的无用之物，减少资源的浪费，这些有机肥可用于有机高粱和有机小麦的生产。让酒的酿造实现了一个封闭的循环，真正耗尽了谷物。

第二，循环、健康理念。随着我国经济发展水平的快速提高，人民生活的幸福度也渐渐提高。茅台集团始终坚持循环经济的发展战略规划，秉承绿色生产、循环经济的理念。不仅在原料选择上，采用自然生长的高粱、小麦，而且茅台酒在酿造过程中完全绿色健康，实现了低排放、生物利用、废物处理的循环经济，真正实现了生态循环。

第一节　做好“加减法”，引领华丽转身

“十三五”循环经济规划中要求的发展新思路是对我国工业循环经济发展提出的新思路、新要求。而提升工业循环经济回收和利用关键在于做好“加减法”，只有把握好生态建设、低碳经济、循环利用和可持续发展，才能加快引领工业体系华丽转身。

专栏4-1

江西铜业：循环经济助腾飞

一、公司介绍

江西铜业集团有限公司（简称江西铜业）成立于1979年。成立40余年

以来，公司一直致力于不断挖掘资源价值，肩负着“摆脱中国铜工业落后局面，感恩敬畏地挖掘矿产资源价值，早在1995年，江西铜业就在永鹏铜矿率先采用生物技术提取合格阴极铜，并进一步发展了增值服务业务体系，增加了企业的科技含量，为企业的可持续发展打下了坚实的基础，成为铜加工产品的大型生产商和供应商。

二、“绿色铜工业”的循环新路子

第一，以技术创新改变资源利用率。针对部分附属矿山质量低、提炼难度大等现状问题，江西铜业最大限度地利用资源、节约能源，加大科技攻关力度，系统优化选矿工艺，提高了金属品位矿山的回收率。其掌握了“堆浸—萃取—电积”湿法技术，使资源得到有效利用，实现“低开采、高利用、低排放”，加快了循环经济的发展，实现资源的充分利用和污染物的“零”排放。

第二，继续延伸产品链研发。产业的延伸和新兴产业的发展不仅充分利用了资源，而且扩大了就业。发展循环经济的重要措施之一是不断延伸产业链，加快发展循环经济。因此，公司使上下游企业形成资源利用循环，封闭循环取代冗余的断链，实现“低开采、高利用、低排放”，创造了新的产值，减少了环境污染。

三、江西铜业积极发展壮大循环经济

第一，废物管理，回收利用。江西铜业用选矿尾矿中的碱性水在尾矿库中与部分酸性废水中和后用于铜的分离，使废水成为资源。同时，将矿山酸性废水用于硫分离过程，使整个过程的成本大幅度降低。在冶炼厂，江西铜业采取了一系列措施处理冶炼用水量大的弊端，从而提高工业用水的回用率，符合绿色发展、低碳发展的理念，走出了“科技成果—产品开发—技术改造—产品升级—产业化”的路子。其创新性在一定程度上扩大了低碳循环经济的发展，节约大量水资源，水资源的循环利用间接地提高了水循环效率，完全符合绿色循环发展的真谛。

第二，节约让稀缺资源无限循环。“资源有限，储蓄无限”，江西铜业系统优化选矿工艺，在生产加工车间安装减少废物排放的循环设备，以尽可能低的资源材料消耗来减少生产成本，提高金属品位矿山的回收率。一方面，采取引进国外先进管理技术的措施，找到新的突破口，以发展新的矿石产地。另一方面，其围绕资源综合利用，并依靠自主创新，走上了“科技成果进入产业化阶段”的道路。寻找与世界一流铜业企业的差距，围绕资源综合利用，减少“三废”排放，培育新兴产业，形成具有江西铜业特色的循环经济产业集群发展模式。

公司在贯彻落实科学发展观过程中围绕资源综合利用，形成了新的产业，“思想是财富，创新是动力”，江西铜业为可持续发展打下了坚实的基础，成为铜加工产品的大型生产商和供应商。

一、生态：和谐共生式

虽然生态文明的研究起步于西方，但生态文明的概念是由中国学者提出的，即叶谦基在1987年首次提出“生态文明”的概念。生态文明建设的实质是要全面把握人与自然和谐相处的过程中所创造的物质和精神成果，要坚持五位一体的生态文明建设和其他四项建设的总体布局，巧妙总结生态文明建设的理念，生动勾画生态文明建设的目标。

生态文明是人类文明质的飞跃，是人类文明史上的重要里程碑，是农业文明和工业文明的重大突破。要坚持并坚守人与自然能够和睦相处的原则，深刻认识到没有自然界就不会有人类的幸福生活，人类需要尊重自然，顺应自然，与自然母亲共同成长。

生态文明建设能够改善环境质量，促进工业经济发展，是关系到人民福祉和国家前途的“长远大计”。生态文明建设还要求尊重和合理认识自然规律，加强经济发展与资源环境的协调，追求人与自然和谐发展。

循环经济是低碳经济协调发展的基础。循环经济对提高稀缺能源重复循环使用效率的追求目的，最终是为了在降低资源利用效率和总能耗的基础上，实现节能减排。

“低碳经济”一词首次出自题为《我们的能源未来——迈向低碳经济》的白皮书。目前，我国经济发展正处于相对高碳阶段，要减少温室气体排放，促进低碳经济的发展，主要可以通过技术和制度创新，进而改变公众浪费能源的习惯，加快开发利用清洁能源，提高能源利用效率，降低能源特别是高碳能源的消费总量。

二、循环：闭环流动式

循环经济也可以说是一种闭环流动经济。资源利用是循环经济理论的永恒主题，循环经济的核心是合理控制资源节约和循环利用，让资源实现最大化和优化配置。循环有三个层次，如表4-1所示。

三、可持续：发展平衡式

可持续性、公平性和共同性是实现可持续发展必须遵循的三大原则。可持续性原则要求人的需要得到满足，但同时也必须有制约因素，使社会经济的扩张不能超过环境和资源的承载能力；公平原则反映了社会成员的和谐性，最重要的是资源分配利用的公平，而可持续发展是机会和利益均等的发展，也就是说，可持续发展在不损害后代发展能力的情况下满足了当代人的需要；共同性原则意味着只有通过集体努力，才能实现可持续发展目标。

表4-1 循环类型

循环类型	模式	特点
小循环	以企业内部的物质流通为基础，在企业内部构建小循环	作为经济活动的最小微观主体，企业依托科技进步充分发挥企业的主动性和创造性，以提高资源利用效率和减少废物排放为主要目的，构建循环经济微观建设体系
中循环	通过合理的产业组织，纵向和横向一同构筑企业、产业和生产区域共同的循环经济区	以在一定地理区域内推广应用生态园区为主要形式，构筑园区污染物的低排放甚至零排放的中循环，形成循环产业集群或循环经济区
大循环	以整个社会的物质循环为着眼点，构筑建立循环经济圈的大循环	统筹城乡发展和生产生活全局，在城镇、城乡、人类社会和自然环境之间构筑整个社会的大循环，在全社会范围内建立生产、消费、生活等物质和能源循环经济建设与循环经济相适应的社会体系，建设资源节约型、环境友好型社会，实现经济效益、社会效益和生态效益的最大化

专栏4-2

大唐发电：做好“加减法”

一、公司介绍

大唐发电公司主要经营以火力发电为主的发电业务，目前已经成为中国最大的发电公司之一，公司业务分布在全国18个省、市、自治区。其已由单一的发电公司发展为综合能源公司，业务涉及煤炭、交通、循环经济等领域。

二、大唐发电的循环经济“转型之路”

循环经济不是一句空话，其实际上是一个简单的加、减、乘、除的算术问题，应体现在每一个发展的细节中，如图4-1所示。

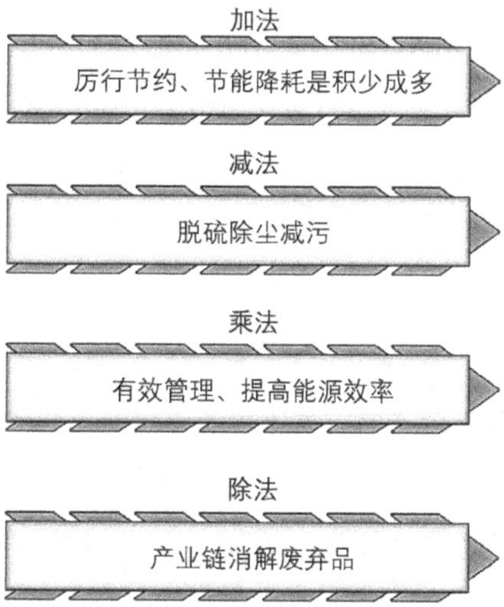

图4-1　大唐发电“加减法”

1. 做好环保治理、减少污染排放的“减法”

公司把环保减排“减法”作为发展循环经济的前提和保证。其实，在很早之前公司就认识到环保治理是为了产业优化转型的新出路。于是，在其发电项目方面，火电厂作为材料能源利用和消耗的大户，最终决定加大研发力度，依靠大投入控制设备来控制污染，在整个生产过程中节能降耗、减少污染，从源头上防治污染。

2. 做好厉行节约、节能降耗的“加法”

大唐耒阳发电厂把做好厉行节约、节能降耗的“加法”，看作是发展循环经济的切入点。从设备检修的各个环节到进行综合利用再到水循环的重新利用，电厂在降低能源消耗和能源回收利用等方面做了大量工作，特别是在降低煤耗方面，为发展循环经济，采取了一系列措施，如做好煤资源初试源头的调查、进行煤质量的严格控制、严禁污染煤进入电厂、加强混煤的质量分析等。

三、建设资源节约型、环境友好型社会的道路

第一，做好有效管理，提高能源利用效率。在大唐发电发布的节约能源并降低资源损耗的计划中，其通过分解的方法，对生产过程中的能量消耗指标进行了具体详细的分解，每个供电用煤的小指标在实现过程中都有一个专门负责人，每个指标负责人需要严格根据指标要求采取适应性的能耗降低方案设计，用较精准的负责制提高节能减排的效率，取得了显著的效果。

第二，消化每个产业链内的工业废物。循环经济其实离我们并不遥远，大唐发电可以将在生产过程中的小循环所产生的废物转化为另一个环节废物，环环相扣，最后在尾部进行粉煤灰、废水、废气、余热的综合资源降解，朝着“资源—产品—废弃物—再生资源”反馈式循环发展，既提高了企业运行的经济效益，又加强了企业内部流通健康发展。

第二节　坚持绿色梦想，创建美丽未来

工业是我国国民经济不可缺少的支柱产业。而工业绿色发展是各国

基于长远发展战略所制订的最优工业发展计划，最终目标是通过工业发展促进我国国民经济的发展。其中，“绿色”代表了提倡节能减排、废物循环利用等低碳、环保的生活方式，蕴含了节约资源、减少污染、保护生态的发展理念。再加上绿色发展还与一直倡导的可持续发展密切相关，这就要求我们从源头上寻找新能源，减少对传统高碳能源的利用，减少碳投入，并改进生产工艺和生产技术。

近年来，我国也一直强调绿色发展对促进区域均衡发展的重要性。生态经济与绿色发展具有内在的一致性，生态经济建设是绿色发展的基本内容、基本目标、基本途径。工业绿色发展要求尽可能减少过剩产能，提高公众的环保意识，改变生产和消费方式，其是绿色发展思想在工业领域的延伸。

一、“工业绿色，效率发展”催化绿色

工业绿色发展效率主要体现在：工业总产值增加、提高工业固体废物综合利用率和减少资源、环境投入。提高工业绿色发展效率水平，对提高工业能效、资源节约和环境保护具有重要意义。它不仅有利于我国经济健康稳定发展，而且对促进我国产业转型升级具有重要作用。影响工业绿色发展的因素主要有以下几点。

1. 经济发展水平

经济增长初期，产业绿色发展水平会降低，当跨过一定的门槛时，经济增长会促进产业绿色发展。这是因为，在经济发展的初期，农业是主要产业。此时，经济发展水平较低，环境相对较好，污染程度很低。环境库兹涅茨曲线偏好理论认为，经济发展水平与环境污染的关系是一个先升后降的倒U形曲线。环境污染将抑制工业绿色发展。随着人们对经济增长的需求，工业在国民经济中的比重逐步提高。可以说，社会需

要发展工业来促进经济增长。此时，环境污染由低到高，工业绿色发展受到抑制。当经济发展到一定临界点时，产业比重逐渐降低，高新技术产业发展壮大，产业结构优化升级。随着人均收入的进一步提高，人们对环境提出了更高的要求，如图4-2所示。

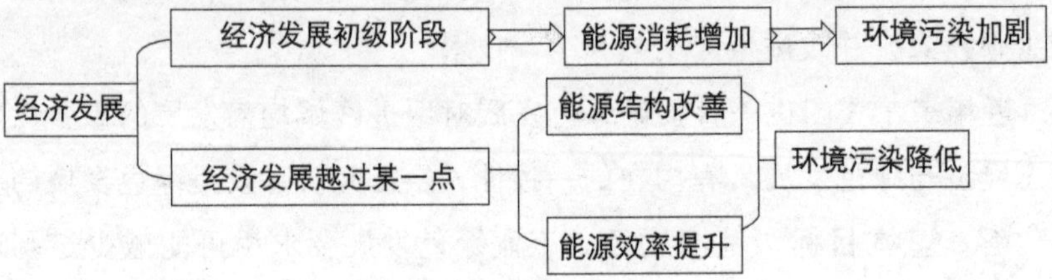

图4-2　工业绿色发展效率影响因素

随着技术进步带来的产业结构升级和资源配置优化，人们也意识到生态环境的脆弱性和重要性，不能为了经济增长而盲目牺牲环境。导致政府必须增加对环境规制的关注，逐渐淘汰落后的产能。可以说，经济增长对产业绿色发展效率的影响是伴随着产业结构和能源结构的变化而变化的。工业结构对工业绿色发展效率的影响如图4-3所示。

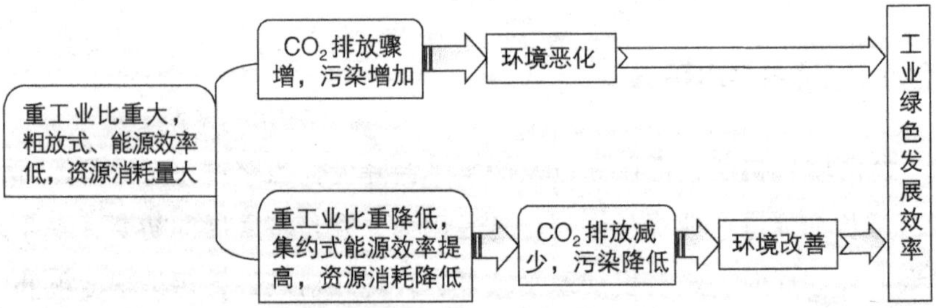

图4-3　工业结构对工业绿色发展效率的影响

重工业比重与工业绿色发展效率在通常情况下是负相关关系，也就是说，重工业比重的提高将阻碍工业实施绿色发展战略的进程。这是因为当重工业所占比重越来越大时，工业企业所需要使用到的资源量增大，自然加大了资源的开发利用力度，大量能源的使用又将进一步导致大幅度的二氧化碳排放量增加。工业废水、废气等污染物排放量不断增加，造成资源浪费和环境恶化，从而抑制了工业绿色发展效率的提高，生态环境的承受能力也很快将超出负荷。

随着技术进步带来的产业结构升级和资源配置优化，产业逐步向集约化发展模式发展。在能源选择上，清洁能源开始取代传统能源，二氧化碳排放得到适当控制，资源利用率逐步提高。因此，在这个时候，重工业比重逐步降低，工业绿色发展的效率逐步提高，环境污染减少后环境质量逐步改善，工业污染问题得到改善，工业绿色发展效率得到提高。

2. 技术进步

在开放经济中，技术进步可以促进经济增长。对后发国家来说，工业化的赶超就是技术的赶超。技术进步不仅是经济增长的核心驱动力，同时对提高现有能源效率，减少传统能源的使用有着极其重要的作用。

技术进步可以促进新能源的开发和推广。技术进步促进了高新技术产业的发展，淘汰了落后的产能、过剩的产业，加速了资源要素的流动，优化了产业结构的资源配置能力，从而促进了能源结构的优化升级，获得更多的产出。此外，技术进步还将提高工业不良产出的处理能力，通过废物再利用、变废为宝，积极为工业污染治理贡献措施，减少环境污染，减轻环境负担。技术进步对工业绿色发展的影响如图4-4所示。

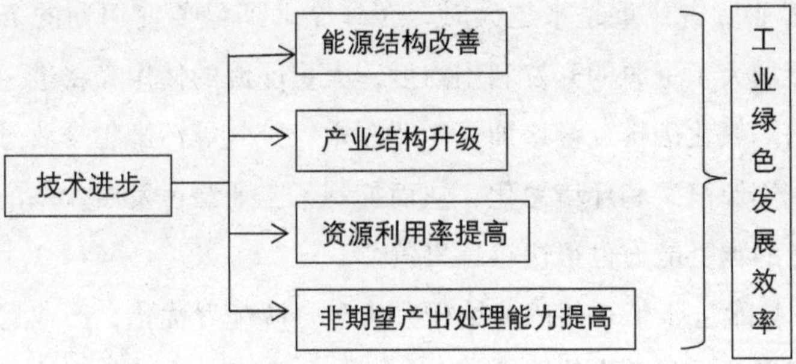

图4-4　技术进步对工业绿色发展的影响

3. 环境规制

环境规制是政府通过规范企业行为、管理自然资源和控制污染来制定限制性的法律法规、政策措施，规范工业企业行为，进而有助于实现控制污染、保护环境的行为。

其中，对企业行为的规范，一方面会限制工业企业的产品产量，降低其产品生产率，另一方面也有益于消除或淘汰高污染、低产量的企业项目，促进由于这种环境压力而进行的产业结构调整。它还将鼓励剩余企业加快技术创新，提高生产率，从而促进绿色产业发展。

二、“企业+工业园+社会”绿色层次

循环经济是以生态学原理为基础的。从根本上讲，循环经济是一直适应时代发展的一种创新社会经济发展模式。其初步发展是由于传统经济模式的“量产、消费、浪费”造成的资源短缺和环境容量过剩的双重压力，导致经济社会的不可持续。

随着循环经济相关技术的不断发展，管理和制度的进一步创新，循环经济逐渐成为经济、社会和环境共赢的发展模式。这里从企业、工业园区和社会三个角度来说明循环经济的发展模式。

1. 企业层面

对单个企业来说，其绿色发展的目标是为了实现企业效益和环境保护的双重效益。一方面要求企业通过技术创新努力构建企业内部循环链，最大限度地提高资源利用效率，提高产品质量。另一方面，也要建立支持企业实施循环经济的管理创新和制度创新，充分利用原有废弃资源，实现“减量化”和“资源化”的转变，减少产品和服务中的材料和能源使用，促进原材料和能源的循环利用。事实上，企业发展循环经济必须与自身利益最大化相一致，不然企业就不具备驱动力去实现循环经济的发展，如表4-2所示。

2. 工业园区层面

实施循环经济的工业园区通俗一点可以叫生态工业园区。根据工业生态学的原则，生态工业园内将在地理上相近的企业连接起来，大家通过相互之间的物质整合、能源整合和信息整合等渠道组合成共享资源型的生态联合产业链，这是一种可以交换副产品的工业共生组合，这种工业园区结构也可以看作是一个特殊的企业。在共享资源型的生态联合产业链的结构下，区内的各个企业都可以被看作一个分支体，一个企业产生的废物或副产品成为另一个分支企业生产环节中所需的原材料。生态工业园最关键的要点是将园区内所有企业变成物流系统的各个节点，形成共生共享的产业生态系统网络。在系统内，所有企业交换副产品和能源以进行逐步的循环利用。通过园区内各企业之间的横向和纵向生产合作联系，以及在园区内进行各环节的交易和置换，可以降低废物处置成本，减少废物排放量，提高园区内所有企业的经济效益。最终，通过在生态工业园区发展物质能源循环体系，实现绿色发展。

表4-2　企业发展循环经济动因

企业发展循环经济动因	功能	特点
逐利性	追求经济效益是企业发展循环经济的根本动力	企业能够通过循环利用本企业的副产品或从废弃物中提取有用物质，循环利用资源并取得较好的经济效益，会主动发展循环经济
强制性	企业发展循环经济的外部推动力	随着环境问题不断凸显，环境税费等环境保护政策日益严格，迫使很多企业特别是工业企业不得不考虑减少废弃物排放，以减少污染排放费用支出，降低成本压力
激励性	对全面发展循环经济具有直接的促进作用	政府对实施循环经济的企业给予一定的财政补贴或税收优惠政策，可以弥补一些企业因实施循环经济增加的成本，这对全面发展循环经济具有直接的促进作用

事实上，生态工业园区实施循环经济的主力军是各个企业个体，但同时也加入了生态工业园区的管理。但在生态工业园区层面，由于企业数量增加促进了副产品在市场上交易的流动率，生态工业园内部企业共生代谢的规模和需求可能增加，从而有效地利用资源，降低循环经济的成本，形成规模经济和范围经济。

3. 社会层面

从社会层面去看待循环经济的发展，就是循环经济的理念渗透到经济社会发展的各个领域和环节，凝聚政府、企业和个人等社会全体成员的力量在全国范围内进行协同合作发展绿色资源循环利用产业。建设循环型社会，必须把绿色消费、资源回收的各个环节与绿色生产联系起来，才能实现全社会资源的充分利用和环境的不断改善。具体来说，政府的职责是站在战略高度来制定基本的、全面的适应性政策，并采取必要的强制措施监督各个职能单位落实。同时，政府自身也要竭尽全力保障节约资源，引领企业并促进企业开发生产环保产品和服务，起到模范带头作用。

企业应该从产品设计阶段就植入绿色发展核心理念，设计具有耐用性和可回收性的产品，使产品在“报废”后不再破坏生态环境。在生产过程中，尽量提高废物资源的可回收率，减少污染废物排放和垃圾的生产量。对消费者来说，一方面，必须积极选择绿色环保的商品和服务来使用，拒绝购买不符合绿色发展理念的商品或服务，抵制浪费的产生。另一方面，要爱护废旧物品，尽可能回收利用还有使用价值的物品，协助废旧物品的分类回收，帮助相关部门降低废旧物品的回收利用成本。

三、“区域纵深，耦合发展”绿色方式

我国的工业绿色发展效率不仅仅在不同的区域间会有非常大的不同，在同一区域内部也存在着不均衡发展的现象。

1. 东部地区工业绿色发展

我国东部地区的工业绿色发展效率最高，东部地区在加大力度发展整体经济的时候，实现了生态环境的进一步保护，使东部地区的工业绿色发展走在时代的前列。

在东部地区，应积极发挥技术优势，加快完成产业结构升级，逐步完善产业结构、对外开放体系和国际贸易体系。逐步降低重工业的比重，淘汰产能过剩的落后产业，支持高新技术产业的发展。由于其自身产业绿色发展水平相对较高，东部地区还要以更大的节能降耗力度起到带头作用，完善新的节能减排政策。

2. 西部地区工业绿色发展

西部地区是全国工业绿色发展效率最低的地区，在该地区内部的各行业的生产力水平也最低。目前西部地区重工业所占比重最大。虽然在西部各个要素投入量都偏少，但能源的损耗和生态环境污染的程度却还是很高，西部地区的工业发展模式阻碍了其绿色经济发展水平的提高。

提高西部地区绿色产业发展的规模和效率，首先要利用技术创新驱动力的力量，提高技术投入来进一步推动西部地区的绿色发展。首先，影响技术创新最关键的还是技术人才的引进，这需要国家在资金方面予以支持；其次，西部地区还要抓住“一带一路”政策机遇，善于以开放促发展，进而引进外资促进自身发展；最后，西部地区还应加快产业结构的优化升级，支持农业、轻工、高新技术、服务业等低能耗产业发展，科学规划各产业发展比重，从而促进西部地区工业绿色发展。

3. 中部地区工业绿色发展

中部地区的工业绿色发展效率相对东部平均水平偏下，提升工业绿色发展效率，需要从几个方面入手。首先，要加快促进工业经济发展的步伐，优化升级产业结构，及时调整和修订政府税收制度，应在工业生产的源头提供一些资源和必要的技术支持。其次，政府部门应密切关注生态环境扶持资金流向，在降低污染产出水平的过程中注意使用温和的环境监管政策。

专栏4-3

西山煤电："减优绿"跑出加速度

一、公司介绍

西山煤电于2000年在深交所上市，其已由单一的发电公司发展为综合能源公司，产业分布甚广。

二、西山煤电发展循环经济的实践

"十三五"期间，公司不断弘扬以改革创新为动力，大力发展煤基联产项目。其不断坚持煤炭资源绿色开采，力求建设安全、改革、创新、不断改善民生的新型现代能源集团。目前，已经初步形成三条循环经济产业链和四大循环经济产业园区。

1. 三条产业链

第一，煤—电—材产业链。在原煤开采的基础上，实施煤产品的清洁生产，将低热值动力煤加入粉煤灰、石灰石等原料用于发电，洗选加工后的煤矸石和洗煤副产品进行直接销售，加强污染治理。

第二，煤—焦—化产业链。西山煤电指导员工进行二甲苯、硫胺等化工产品深加工生产，成为利用焦炉煤气制备甲醇等化工原料的全国首批循环经济试点单位。

第三，煤—伴生资源产业链。在开采煤炭资源的同时，开发利用煤伴生资源。

2. 构建四大循环经济园区

古交循环经济园区开展了环境管理和生态环境建设，形成了环境资源共享。兴县循环经济园区，重点建设"煤、电、铝、化工原料"循环经济产业链。武林焦化产业园按照“煤焦化”循环经济产业链，提高资源利用率，实现资源优化配置。千山矿区工业园区将改造为机电建筑基地、房地产开发基地和实训基地，实现老矿区改造发展。

三、绿色能源，低碳经济

西山煤电经过多年的循环经济发展实践，积累了丰富的经验，积极响应国家循环经济发展规划，对于实现我国现阶段的绿色发展，各企业全力以赴、集中精力做好规划具有重要意义。

第三节　绿色创新：补短板

绿色创新是目前新出现的且能快速推展开的研究领域，目标是实现经济效益、社会效益和环境效益的统一。绿色企业作为最灵活的微观经济主体，在规划产业发展方向上发挥着重要作用，在循环经济时代，绿色创新有其广阔舞台，可弥补企业绿色循环之短板，研究企业绿色创新的驱动因素对绿色发展具有重要的理论和现实价值。其中，政府层面、企业层面和供应链层面可以相互联结，驱动企业的利用并探索绿色创新的发展路径。

一、从企业驱动力视角看绿色创新

我国经济发展进入新阶段，呈现出转换增长新动能的新特征，国家正大力推进经济向高质量的发展方向进行转变。绿色发展要求企业依靠“绿色+创新”的方式，在此基础上，坚持人与自然和谐相处的可持续发展战略布局，通过与绿色消费相协调，进一步提高企业绿色环保的产业体系和供求结构体系的经营绩效，从而实现经济效益、社会效益和生态效益的和谐统一。

在新一代信息技术产业中，通过培育创新型企业，实现研发投入、研发人员和创新成果的持续融合发展，激发创业热情并引进创新人才，形成以创新中心为节点，以打造绿色可持续的产业创新平台为基点，聚集产学研的创新平台研究网络，使创新成为引领发展的强大引擎。

发展绿色创新型经济必须加大创新投入，注重资源节约，推进绿色创新与技术创新、制度创新和生态可持续经济的协同发展。这种融合是深化生态文明建设的一种协同创新过程。

二、从政府驱动力视角看绿色创新

政府层面的驱动力主要包括规制的压力和各种形式的扶持推动。其中，规制压力主要包括国家和地方政府的政策导向及行政控制的压力，严格的环境保护相关法规和行业规范的压力，政府对违反环境规制的经营行为严厉惩罚的压力。而扶持推动主要包括政府通过各种形式宣传生态环保、资源节约理念，企业获得专项资金补贴、贷款、税费减免等支持，政府扶持企业开展清洁生产、循环经济、节能减排，政府支持企业绿色产品的市场推广。

我国要明确好市场与政府之间的关系。经验表明，强制力是推行环境管理的主要手段，政府应把强制手段作为主要武器，实施环境管理行为。

同时，创新能力严重不足是我国传统资源型企业产能过剩的致命弱点，导致研发突破性知识和技术能力成为绿色创新的瓶颈。在我国绿色经济发展的大背景下，由于市场这一无形之手不能自动形成完善的资源配置体制，因此迫切需要政府在资源配置中发挥作用。政府的支持缓解了传统资源型企业产能过剩的压力，为企业的技术人才和研发资金储备提供了条件。

三、从供应链驱动力视角看绿色创新

绿色创新的范围将突破传统创新形式的束缚，其不仅体现在资源的循环利用创新，还需要部分企业与诸多的利益相关者进行资源深度融合时。绿色战略联盟是企业实现绿色创新的手段，用供应链上的协同驱动力来探索绿色新机遇，进一步开展绿色创新活动。

企业与其供应链上下游企业及其供应商、网络合作伙伴的紧密关系直接影响绿色创新的实施绩效，毫不夸张地说，资源型企业的绿色创新需在整个供应链中进行创新，企业供应链成员的合作越密切，越有可能进行绿色创新。

资源型企业相互依赖与影响可以有效促进创新企业延伸其产业链，加快采用创新技术推动循环经济向高层次、有序方向发展。与企业相关的联盟可以协同运作形成一个物质和能量的交换生态网络系统。

专栏4-4

福建水泥：颠覆式变革上演绝地反击

一、公司介绍

福建水泥股份有限公司（简称福建水泥）是福建省最大的水泥生产企业，是继安徽海螺水泥公司、唐山冀东水泥之后，中国第三大水泥公司。公司现有总资产34亿元，员工2069余人。公司秉承勤勉务实，精益求精，敢为人先，以国务院支持福建加快海峡西岸建设为契机，调整新一轮发展战略规划，推动产能快速扩张，实现跨越式发展。

二、福建水泥的循环经济

第一，在生产过程中，大力发展新型干法水泥生产线。福建水泥拥有先进的水泥生产线，专业生产高档回转窑水泥，至今，福建水泥产品合格率达到100%。根据发展战略，2020年产能达到1000万吨，建成日产5000吨新型干法水泥的大型生产线。

第二，在原材料开发过程中，加强对所需原材料的综合性开发与利用。福建水泥不仅能消化矿石开采过程中产生的低品位废矿，还能消化其他许多工业企业的废矿。在原材料石灰石的开采过程中，其开采的成品获得率高达96%甚至以上，充分利用矿石资源，保证真正实现了“废物利用”。与此同时，公司还试图通过提高水泥熟料质量，合理利用混合料用量，把工业废料变成了宝藏。

第三，积极肯定了循环绿色发展的可行性。在可以回收利用资源的过滤过程中，福建水泥利用创新设备回收各种废弃资源。福建水泥意识到科技进步可以带动绿色发展的步伐，于是就毫不犹豫地不断加大技术研发力度，在短短几年的时间内就大大提高了公司的技术创新能力。不仅减少了污染，而且节约了可观的水，如在再生水循环利用方面，循环水回收率达到62.11%，大规模回收循环水为其降低了生产费用。

第四节 绿色理念：推发展

发展是解决经济问题的关键，在新时代的发展趋势下，需要在贯彻发展理念的同时加上“绿色”，以绿色发展作为一个整体部分，进一步与供给侧结构性改革相融合，促进传统企业走绿色转型升级的发展道路。

第一，在经济高质量发展的战略下，最迫切的是解决产能过剩问题，通过并购、破产等方式予以尽快淘汰一些“僵尸企业”，充分发挥市场的决定性作用，提高工业制造产品质量和服务质量水平。第二，通过法制化提高行业标准和产品标准，提高行业集中度。清理无效供给，促进供应与需求平衡，绿色产品集中化生产。第三，推进传统优势产业质量效益提升。

一、优化产业结构，提高绿色供给

供给侧结构性改革实际上是国家从供给端着手进行改革，要求淘汰落后产能，对产能过剩的产业结构实施转型升级策略，往先进制造业的发展方向进军，实现先进产业和创新服务业的深度融合并协调发展。同时，集中力量推进区域特色绿色经济供给结构升级。

第一，加快传统产业转型升级。以节约资源和保护生态环境为基点，以此作为绿色升级改造的出发点，进一步进行智能化改造并施行优化产业结构战略，以企业的创新品牌等策略优势大力发展“互联网+”智能制造，完善优胜劣汰的竞争机制和实现要素的有效循环。

第二，推动区域经济发展结构趋于合理化。资源总是稀缺的，协调经济发展就是要综合利用资源，资源的稀缺性表示其不足以满足所有人的需要。而鼓励绿色消费，就是促进扩大本地区资源的循环利用，保障资源能够在有限时间内有效供给，解决当前资源总供给不足和配置不均衡的问题。

第三，大力推进资源重复利用体系的供给侧改革。放宽资源供给准入的门槛，在产业集群内引进使各企业能进行相互竞争的体制机制，在人们日常生活物品领域扩大供给量，弥补长期以来这些领域中存在的“资源供给短缺”的问题。

第四，注重人才培养。在当今科技作为竞争力代表的时代，技术人才逐渐成为经济发展的关键要素。绿色发展企业只有手握卓越的技术人才资源，才会有机会研制出具有竞争力的产品，争夺市场份额，获得主动权。因此，创新型企业需要采取多管齐下的突破创新政策方针，不断完善企业技术创新机制，让创新体系与产学研策略进行深度融合，加快科技创新成果的转化。

二、助推创新驱动，培育新兴产业

面对阻碍经济快速增长的资源稀缺问题，企业要根据市场需求进行产品创新，以技术创新和管理创新带动供给侧改革。而政府应该制定有效的产业政策，以制度创新为主导，合理配置生产能力，推进战略性新兴产业发展，如表4-3所示。

表4-3　推进新兴产业发展举措

推进新兴产业发展举措	内　容
积极推动新兴产业倍增发展	加快推进全产业链发展和加快技术研发应用
深化产业协同融合	在多领域构筑智慧应用体系，通过“智慧化”改造促进三大产业融合发展
培育节能环保产业	它不仅为其他行业的绿色发展提供产品和服务，而且有自己漫长的产业链，对经济增长有很强的推动力，是经济绿色转型的重要动力
推进环保科技创新	以环境质量改善为核心，建设生态环境监测网络和环境基准体系，重点抓好重点环保科研项目，做好科技支撑
加强绿色金融创新	加快推广绿色经济支柱型信贷，设立政府专项发展引导基金，加大力度引导社会资本投向绿色领域，为绿色创新发展提供多元化资金

三、优化营商环境，激发经济活力

绿色创新是激发经济活力的关键方式。企业为了实现可持续发展的远景目标需要变更传统的产品和服务提供的方式，激发经济活力，创新变革目前的商业运营发展模式。

同时，生态文明建设必须在运行机制体系上找到进行创新性变革的出口。政府进一步改造服务体系，设计研发出创新性的网络体系和高效降低企业直接的资源置换费用的新方案，落实切实可行的政策。

第一，加强对龙头企业的监测服务。创新型企业十分注重客户的价值实现，在客户的需求上以创新为立足点，保障有投其所好的多元化服务。在实践中，高成长企业通常明确需要集聚的要素资源，政府可着力打造产业集聚区，配套服务好龙头企业。

第二，健全贷款政策和行业监督准则。注重利用政府的“有形之手”，形成支持性的投资格局，用好经济建设的新型专项引导资金，重点支持公共服务平台等示范项目建设和商业发展。

第三，提高人才质量，弘扬“工匠精神”。我国可以参考德国的导师制，努力形成人才引领产业，弘扬工匠精神，形成应用型人才的良性互动聚集效应，推动新技术、新人才的高质量发展。

第四，推进绿色发展，提高资源能源综合利用水平。一是继续推进传统重点行业产业结构调整能效，构建绿色发展的企业园区体系，引导企业提升项目管理能效。二是改进优质绿色生态产品。推进“大农业”的供给侧改革，形成深度的产业协调格局，准确把握人口增长和社会经济发展的生态需求。

专栏4-5

鲁北化工：“迎娶”自己的“新娘”

一、公司介绍

山东鲁北化工股份有限公司（简称鲁北化工）于1996年成立，目前已发展成为拥有1200名员工的企业集团，鲁北化工通过20余年的发展，通过实施技术集成创新，已初步形成了鲁北循环经济模式的雏形。其始终遵循生态规律，应用循环经济理念和系统工程的思想。

二、鲁北化工的循环经济发展

1. 对价格与成本障碍的逾越

产品的生产成本一直是影响企业发展的要素，有人甚至认为只要在成本上具有优势，就能获得核心竞争力。为了找到市场经济条件下企业生产成本这一重要突破口，鲁北化工采取了两种方式来逾越障碍。一方面，采取产业园小循环的解决方式，增强企业价格弹性，努力提高企业技术水平，降低成本。另一方面，公司能够承受的价格变动幅度增大，其价格弹性相应增加；只要集团的整个产业链还能正常运行，其价格弹性也相应增加。

2. “3R”原则及运行效益

生态工业园目前共存在三条产业链，每一条产业链之间或多或少存在着共生的联系。火电厂利用海水产业链中的海水代替淡水进行冷却，利用余热蒸发海水，节约淡水资源。硫元素转化为盐石膏，返回用于水泥和硫酸生产，热电动力产生的电和蒸汽被用于各种产业链的生产过程中。

三、促进循环经济发展的长效机制

公司从循环经济的基本路径出发积极探索循环经济的发展模式，突出其发展循环经济的可操作性，最终取得了良好成绩。其通过合理设计规划目标，落实到重点工程来实现重点领域发展突破，建立促进循环经济发展的长效机制。

第一，充分依托政府有形之手的力量。政府对创新的高新企业提供了资金等方面的支持。公司利用资金支持政策，合理地进行工业链设计，最终从内部彻底解决企业长期发展所存在的价格障碍，降低了成本。

第二，注重与位于中心的城市进行经济融合联动。中心城市不仅提供了市场、技术及信息等，中心城市的经济辐射作用也是市郊县的保护伞。

第三，培养公众循环经济意识。公司在市郊县循环经济发展模式的实施中，不仅非常重视宣传教育工作，而且赢得了公众对循环经济发展项目的支持。

第五节 “减—优—绿”：齐助力

自2016年以来，许多传统产业为了缓解产能过剩矛盾，纷纷革新了不符合产业政策的项目，走“减、优、绿”之路，促进工业循环经济的回收和利用。“减”即坚定不移化解过剩产能，“减”字当头，就是要彻底告别“发展靠投资、增长靠增量、盈利靠涨价”的粗放发展模式，直面能源革命挑战。“优”即大力发展先进产能；“绿”指走绿色低碳清洁高效之路。

一、减：坚定不移化解过剩产能

随着经济体制的不断变革，我国产业先后出现严重的生产过剩现象。从全局和长远看，企业的健康发展道路避免不了要进行产业结构调整，促进产业转型升级。因此，企业的生产要控制和优化存量，深化体制改革的同时健全市场化长效机制。这是一项复杂的系统工程，任务十分艰巨。

1. 充分认识化解产能严重过剩的紧迫性

在宏微观市场经济理论下，只有当供给与需求不会偏差太大时，市场才能有效进行调节，促进技术进步和管理创新。但是，当产品供给超过有效需求时，就会表现出产能过剩，导致资源配置效率低下，阻碍产业结构优化升级。目前，随着经济体制的不断变革，我国产业先后出现严重的生产过剩现象。主要原因是部分企业发展粗放，不具有创新能力，导致在行业内出现无序竞争和重复建设，生产要素价格扭曲，公平竞争的市场环境不完善，出现市场失灵的现象。同时，我国出现了资源要素市场化改革滞后，监督检查和问责不到位，市场机制的自我调节作用失效，产能过剩矛盾不断恶化的现象。

因此，产能严重过剩的问题成为阻碍我国高质量经济发展的“拦路虎”。而想要解决产能过剩带来的弊端，必然需要找到合适的突破口。解决产能严重过剩问题迫在眉睫，其无疑是一项十分复杂的系统工程，需要在充分认识其严峻性的基础上找到破解法稳稳改善。

2. 化解产能过剩的路径

（1）坚决遏制产能盲目扩张。

第一，严格把控建设过剩产能的项目。严格审核产能严重过剩行业的项目管理。地方政府和部门要严格把控产能严重过剩行业新项目，各有关部门和机构不得开展相关业务。

第二，分类妥善处理在建违规项目。要求地方政府对不履行有关程序或者不符合土地、环境保护、投资管理等相关法律法规的项目一律予以淘汰。对不符合高质量发展的产业项目，一律予以标记并视机制止；对有必要进行开工的项目，可提出申请，由当地政府根据规划布局和承载能力要求，按照同等或减少位移的原则，由自然资源部制定相应行为准则，下属有关职能部门负责执行决定，按照有关规定办理相应的手续。对已认定的在建不合规项目，不许私下通融，一经查实，立即对相关政府人员进行处分。此外，金融机构也要在基本征信要求上发放专项项目的贷款。同时，还需要按照谁负责的原则，做好债务、人员安置等善后工作。所有在建违法项目的处理结果都要向社会公布。

（2）淘汰并改善过剩产能。

第一，全面清理淘汰。根据法律法规要求和有关能源总量控制目标，政府对内含产能严重过剩的企业进行谈话劝退，或者鼓励其进行产业项目转型优化，并予以公布，如有必要，报发展改革委等部门审核确定。

第二，加强产业规范管理体系构建。各级政府部门要及时发现和制止违规建设产能的行为，严格把控行业的准入规范，严格把控并查找能耗不达标、排放不达标的项目，质监部门应当对技术装备落后、工况不合格的企业进行报备，并列入淘汰落后产能年度任务。

（3）坚决淘汰落后产能。

“十四五”期间，建议根据行业发展实际和承载能力，加快淘汰一批落后产能，提高能耗标准和污染物排放标准。首先可以将产能严重过剩行业的项目进行年度目标分解。其次，国有企业要落实淘汰和退出落后产能制度，在引导产能有序退出机制方面发挥主导作用。最后，完善激励约束政策，对超过能耗定额标准的企业给予激励政策，引导其退出，建立产能过剩退出激励制度。鼓励各地积极健全淘汰落后、发展先进的互动机制。

（4）优化升级产业结构。

第一，鼓励企业进行兼并重组。完善和落实企业兼并重组整合内部资源，理顺产能过剩布局关系，优化内部资源结构，促进行业内企业过剩产能跨区域整合。研究出台企业转型方案和实施建议，鼓励企业发展壮大，推动优强企业引领行业发展。

第二，优化产业空间布局。按照科学制定企业发展的总体战略要求，以及在严格控制产能盲目扩张的前提下，有序引导产业进行战略调整和优化。推动相关产业形成分工合理、优势互补、各具特色的空间布局和战略优势。

（5）积极对外开发。

第一，鼓励开发国际市场。支持企业充分挖掘其在国内市场的发展潜力，积极借鉴贸易项目经验，创新拓展对外工程承包领域，培育“中国建设”国际品牌。适应国内市场转型优化的需要，带动国内重大基础设施和大型工业等技术出口，提升对外承包工程质量和效益。适应国际新规范，发展绿色安全节能产业。

第二，增强对外投资力度。鼓励推动设立贸易投资平台，以多种方式优化制造，走消化国内产能的“走出去”循环之路。此外，企业还可以考虑在全球范围内加强与周边国家的价值链整合，采取多种形式对外投资，以期与国外企业共同推进互利共赢的经贸合作区，吸引国内企业入园，拓展国际发展新空间。

专栏4-6

鞍钢集团：“钢铁强国”蓝色梦想

一、公司介绍

鞍钢集团是我国大型钢铁生产和销售企业之一。经过近60年的建设和发展，鞍钢集团已形成集采矿、电力、交通、技术研发和自动化为一体的综合配套体系，改写了我国大型冶金成套设备依赖进口设计的历史。目前，企业综合竞争力已进入国际先进企业行列，国际影响力显著增强。

二、打造绿色钢铁中心

多年来，鞍钢集团始终坚持发展循环经济，以期打造绿色钢铁中心，力求依靠科技进步，不断加强冶金产品研发，实现产业技术领先。

1. 技术创新、新产品研发取得新成果

鞍钢集团形成以创新中心为节点，集聚人才、技术、资金、信息等创新资源的创新网络。最终使鞍钢集团热轧板带的生产历史取得了突破，研究出中国规模最小的线材，填补了中国空白。此外，自主研发的4300毫米厚板生产线“超快冷却+层流冷却”设备，改写了我国大型冶金成套设备依赖进口的历史；获得国家发明专利“超低碳贝氏体钢及其生产方法”，

获中国专利优秀奖12项。

2. 开展冶金工业节能减排工作

目前，由于我国钢铁工业的快速发展，虽然单位能耗和污染物排放量呈下降趋势，但总量仍在上升，发展循环经济和做好节能减排工作形势严峻。在我国大中型钢铁企业中，由于工艺装备技术水平的不断提高，能耗与国际先进水平的差距不断缩小，污染物排放也得到有效控制。因此，冶金行业必须加强循环经济发展，做好节能减排工作。

3. 实现“三废”资源化

“十三五”以来，鞍钢按照循环经济模式，制定实施了炉煤气完全回收的领先技术战略，开发粉煤灰、耐火材料、尾矿粉等“三废”综合利用项目，实现了工业“三废”资源化利用。

三、“从绿到金”的转变

第一，循环发展。鞍钢的循环发展战略目标为研发高强钢、耐候钢（耐大气腐蚀钢是介于普通钢和不锈钢之间的低合金钢）等堪称“绿色产品”的高效钢。通过厂区的生态绿化处理和产区环境治理，保证厂区产品质量稳定达标。

第二，高标准建立清洁生产循环利用的生产体系。鞍钢集团按照绿色钢铁循环发展理念和低碳经济模式，顺利完成并在鲅鱼圈区钢铁基地投入使用。企业通过技术装备的规模化和现代化，建立清洁生产循环利用的生产体系，使钢铁生产实现了节能减排目标，为钢铁企业可再生能源开发利用起到示范作用。

循环经济时代正昭示着未来，鞍钢坚持发展绿色循环经济是其提高市场竞争力、实现全面腾飞的内在要求，该战略的实施使其有了从绿色到黄金的转变。

二、优：大力发展先进产能

受全球经济增速放缓，国际市场持续低迷的影响，国内经济处于换挡期，需求增长放缓，部分行业出现了供应量过大而销售不出去的困境，反映出传统制造能力普遍出现过剩的问题，尤其是钢铁、水泥、电解等高耗能高排放行业尤为突出。目前，我国传统制造领域钢铁、煤炭等高能重污染企业产能占全球总量的50%，产能严重过剩，大量夕阳产业造成生产要素配置扭曲，导致社会资源整体利用效率降低，这成为现今棘手的问题。

在经济发展的长期背景下，一味地增加供应并不能大幅度地刺激经济增长，而应从需求出发来发现端倪，实现供给侧改革，也就是常说的实行“三去一补”。淘汰产能过剩且盲目扩大产能的过时企业，大力激发先进产能，是当前的首要任务。

三、绿：走绿色低碳清洁高效之路

对于实施循环经济的企业，由于技术进步和管理创新，实施低碳经济的成本将降低，随着政府和市场对低碳的需求进一步增加，实施低碳经济可能会给企业创造更多的效益，如推广企业品牌，从碳交易中获取利益。对于实施低碳经济的企业，也需要加强技术研发和管理创新，从而增强企业的综合实力，同时降低实施循环经济的成本。其实，实施循环经济的关键是降低初期的能源消耗，其中包括碳排放的减少，这与低碳经济是一致的。低碳经济以结果为导向，要求最终减少碳排放。这就要求减少能源投入，使用低碳能源，并在此过程中提高能源利用效率，这与实现循环经济的手段是一致的。此外，如果延伸到整个地球，或者考虑到可持续发展的问题，也就是说，从终极意义上讲，循环经济必须是低碳的，低碳经济也必须是循环的。二者的发展要充分协调。

从协调发展的方式方法来看，循环经济主要是通过技术创新、管理创新和市场培育来促进低碳经济的发展，而低碳经济则是通过政府的强制性干预和公众的广泛参与，并通过框架和政策措施的制定与创新，形成明确、稳定、长期的指导和激励机制，可进一步深化循环经济发展的良好外部环境。

章末案例

金川集团：步履不停

一、公司介绍

金川集团有限公司（简称金川集团）拥有世界第三大硫化铜镍矿床，是一家大型深联合公司。金川集团瞄准世界冶金科技前沿，制订了金川市科技进步和创新驱动计划，以加快建立集科研和应用为一体的技术创新体系，全面深化产品质量管理，设立完善质量管理体系的最高标准，强化危机意识和全市场企业质量意识。

公司拥有世界第五座、亚洲第一座镍闪速熔炼炉，具备世界领先设备和技术。此外，其还聚集大批专家、学者，加快建立以企业为主体、市场为导向，产学研用为一体的技术创新体系。

二、金川集团的循环经济之路

第一，产业链延伸。产业链是各个企业之间衔接起来相互协作的集群链条，有助于让公司获取原本不具备的信息和资源。公司以有色金属冶炼废气回收和化工融合加工的一次产品为重点，不断拓展冶金深加工再生再加工产业链，同时，完善有色精细化工循环。金川集团以镍、钴、铜、铂等有色金属为中心共打造完成8条循环经济产业链，如图4-5所示。

第二，园区循环化改造。冶金尾气污染综合治理、110万吨铜渣处理工程、白灰收尾利用等这些重点项目的实施，有效解决了铜冶炼渣、镍阳极泥、白烟、电石渣、含铜渣废酸等工业“三废”的回收利用难题，有效提高了园区的循环利用水平。

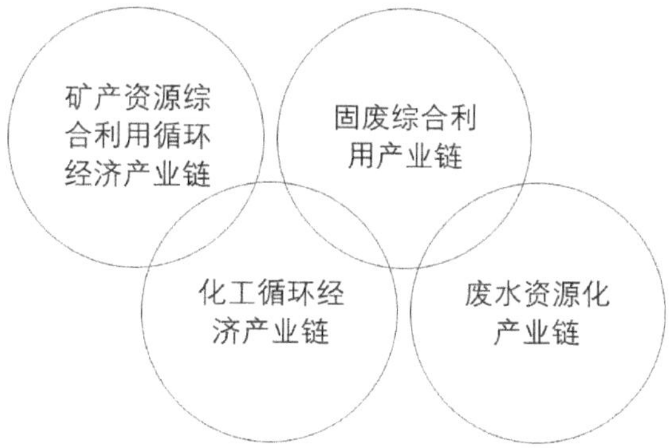

图4-5　产业链延伸

三、金川集团战略思维

第一，系统化原则。矿业循环经济的发展应着眼于系统化，目标是实现矿业生态经济系统的良性循环，使生态系统与经济系统相互作用、相互耦合，实现物质流、能量流、信息流的有序流动顺利交换。从各个环节入手，大力实施“四个全面”的综合调查、综合评价、综合开发和综合利用。在勘查环节，要注重综合勘查和综合评价，综合评价是资源综合利用的基础；在采矿和冶炼环节，积极推进清洁生产，提高企业采矿项目的采矿回收率，并进一步使采矿业的贫困化率大大降低，大力推进废气处理的综合利用。

第二，重大技术支持和项目指导原则。技术支持是矿业可持续发展的根本保证，重大项目是发展循环经济的重要载体和平台。一般来说，循环经济的支撑技术体系主要集中在采矿技术改造和选矿技术创新上，大力应用新技术新工艺开发新产品是实现循环经济的技术基础。加大金川集团项目和资金综合利用力度，科学规划，有序建设，成功投产一批重大项目，充分发挥项目建设的龙头作用，有利于形成从产品到产品、从产品到资源、从浪费到再利用的良性循环。

第五章
静脉产业园发展

静脉产业又称资源循环产业。它的目的是保护生态环境和节约不可再生资源。在保证生态环境往绿色方向发展的基础下，通过采取创新技术研发执行的手段，将人们在日常生活和工作中所产生出来的污染物转化为具有利用价值的资源或者是生活所用品，这其中包括了资源的循环利用和资源制造再生产两个过程，实现废物资源循环利用化。据此，静脉产业的合理发展应该以节约资源、保护环境为目的，依托于产业链上各个生产阶段的协调才能实现，最终实现了各类废弃物的循环化生产利用。

循环经济是在生态环境成为经济增长制约要素、良好的生态环境成为公共财富阶段的一种新的技术经济范式。

——全国政协人口资源环境委员会副主任　解振华

开篇案例

北方重工：打赢“守信工程”攻坚战

一、公司介绍

北方重工集团有限公司（简称北方重工）是辽宁方大集团实业有限公司旗下一家大型跨国重型机械制造公司。北方重工是国家高新技术企业，中国制造业500强之一。公司的发展历史十分悠久，通过参与北方重工司法重组和混合所有制改革，正式成为北方重工第一大股东，素有“中国机械工业摇篮”美誉，产品辐射全球市场，并通过收购美国罗宾斯公司实现跨国经营。

二、北方重工的循环经济产业

第一，引进先进设备。废钢破碎机是世界废钢行业公认的最先进、最高效的废钢加工设备。在处理1吨废钢的过程中，就可循环回收约0.8吨的可用钢材，这一设备可以减少97%的废渣排放量，循环使用86%的废气，具有高效、低耗、清洁、智能的特点，有利于实现工业的清洁生产，减少废物排放，是钢铁行业实现循环生产的重要途径。第二，变废为宝。铁矿石的唯一替代品就属废弃的钢材，废弃钢材的高效循环能够大幅度使自然资源减少开发，进一步降低社会总能耗，提高劳动生产的效率。它还回收有色金属、橡胶和塑料的混合物，使所有资源无害并可回收。

第一节　静脉产业运行新转轴

静脉产业理论是日本学术界最早开始提及的，日本学者把废弃物排出后的回收、再资源化相关领域形象地称为静脉产业，就如同人体血液循环中的静脉一样。相应的动脉产业指开发利用自然资源形成的产业。

静脉产业园是以静脉产业资源再生利用企业为主建设的产业园。这种工业园区最重要的特点是保障环境安全，注重物质流的分析，主要思路是把握从初试端投入废弃材料到终端再利用的全过程，实现资源的优化配置。随着我国经济总量快速增长，生活和生产中产生的废物数量越来越多，各类集中处理废物基础设施的建设成为影响日常生活的棘手问题，并被许多城市管理者所重视。因此，有必要将从事静脉产业的企业聚集在一起，实现污染处理基础设施的资源共享，构建上下游耦合产业链，实现可再生资源的最大化利用。但目前，污染处理设施布局相对分散，功能相对单一，面临选址难、污染控制难和资源集约利用难等问题。

一、以“旧”转“新”构建静脉产业

目前，诸多城市对各类生活垃圾的处理还没有得到合理的统筹和规划，各垃圾处理项目没有形成循环作用，甚至孤立运行，容易受到环境压力。静脉产业园的出现将很好地解决这些矛盾与问题。加快静脉产业园的战略规划、系统建设和运营开发，是有效解决生态环境问题的重要途径。

1. 静脉产业园主体

静脉行业涉及各种废物的重新循环再利用过程，如工业废物和家庭废物。在静脉产业的运行体系中，政府、企业等各方的不同角色行为对静脉行业的经营有不同的影响。

2. 静脉产业运行体系的构建依据

我国静脉行业主要应对城市垃圾废弃物和工业废物等进行循环回收利用处理。我国虽然有集中的无害化处理机构，但由于数量有限、分布不均衡，再加上动静脉产业不协调发展，直接导致静脉产业运行体系的构建困难。生活垃圾废物的分类处理是目前政府的主要任务，只有深入解决生活垃圾问题，将其市场化为生活垃圾资源化产业，才能真正构建产业各环节协调发展的静脉产业运行体系。

3. 构建静脉产业运行体系

从垃圾属性分析，整个静脉产业链条可以截成四个部分，各个部分之间相互衔接，形成相互协作的完整产业链。废物回收利用是该链不同于其他产业链的一个突出特点。静脉产业链的有效运作，以废物产生、回收处理、新产品为链条，是降低碳排放量和环境污染程度的必要手段。通过优化整合，静脉产业链可以理解为一个实现经济效益、社会效益和环境效益的废物处理链，可以从根本上提高废物处理效率，实现资源的有效利用，如图5-1所示。

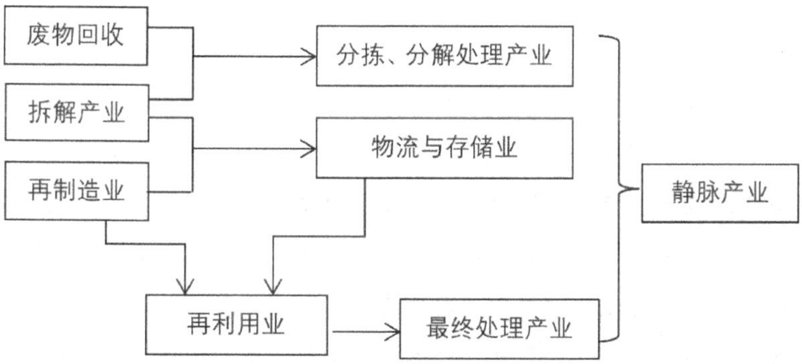

图5-1　静脉产业链运行体系的主要环节

专栏5-1

城发环境：BOT模式

一、公司介绍

城发环境股份有限公司（简称城发环境）是河南省投资集团控股的环保类上市公司。公司自成立以来，一直致力于坚持标准化、生态化、智能化的理念，致力于打造以专业为龙头、市场为驱动的全国环保产业龙头企业。在多元化战略的鼓励下，其业务涉及与循环经济发展相关的无害化处置和资源化利用，以及静脉产业园建设运营、污水处理等重点项目的协调实施，大力构建以上市平台为核心，连接各类市场主体的环保产业生态圈。

二、城发环境的静脉产业园

第一，提高技术发展水平。按照河南省委、省政府的决策部署，城发环境积极参与省静脉产业园等环保项目的投资、建设和运营，履行循环发展使命。并在此进程中建立了精干高效的管理人才队伍，形成高效的工程管理体系。下一步，城发环境将打造高水平技术研发中心，以垃圾焚烧的多元发电项目为核心，为加快落实生活餐厨垃圾等项目，打造环保产业生态圈，构建绿色回收产业高地，努力建设国家环保产业龙头企业。

第二，城发环境龙头带动作用明显，为推进全省静脉产业园建设做出了重要贡献。一方面对标先进模式，统筹推进生活垃圾焚烧发电、餐厨废弃物处置、城市污泥处理等重点项目建设；另一方面健全工作机制，加强组织协调，用好用足支持政策，积极做好跟踪服务，加强舆论宣传引导，切实把静脉产业园建设抓实抓好抓到位。

三、齐抓污染防治与循环经济

1. 建立循环经济企业孵化平台

城发环境致力于在循环经济园区规划建设中加快循环园区标准厂房建设，为循环产业的创新创业提供便捷高效的一站式服务。解决中小微企业用地、资金等瓶颈制约，降低企业的创业和经营成本，最大限度地释放产业发展潜能，实现企业集中、要素集约、产业集聚的效果，形成循环经济龙头企业顶天立地、中小企业铺天盖地的发展局面。

2. 建立全国一流的再生资源交易平台

按照科学规划、产业分工、功能配套的要求，根据企业生产的不同产品，规划黑色金属、有色金属、再生塑料等区域，把现货交易、期货交易、金融功能、资本功能结合起来，推动废旧市场的搬迁，打造全国一流的再生资源市场交易和资本流通平台。

二、“手拉手”产业协同耦合

静脉产业园的垃圾收集处理方式与以往不同，其主要是将各种垃圾处理设施集中在一起，有计划地进行园区的垃圾处理规划建设，达到降低投资运营费用和产业耦合共生的效果。

首先，现行环境标准升级，工业建设征地难度加大。静脉产业园垃圾处理规划建设可以避免项目的复杂性规划，提高项目执行效率，满足国家落地环保要求。

其次，除了静脉工业园区内的个体垃圾处理企业外，还需要弥补性打造一些具有公共物品属性的垃圾处理设施，如公共分拣站、垃圾分类器、公共供电设施等。与此同时，公共环境保护设施和污水处理设施可实现对废渣进行再利用以及合理的污水排放。

再次，不同于传统的工业园，静脉产业园有物质和能源可回收利用的优势。在产业区内部运行体系中，可以把垃圾处理后生产出来的沼气用于整个园区项目用气，余下的废气料可用于焚烧发电，而焚烧的热能还可供整个园区使用，作为污泥干化的热源后回用。

最后，静脉产业园可以集中把控各产业链内所产生的污染。静脉产业园的输入端为生活垃圾等废弃资源，而输出端可能为热能、电能和工业原料。同时，其对破坏生态环境的废弃物进行系统化的处理后可以缓解资源污染的问题，节约了整个工业体系的成本。

1. 重视创新，在创新中实现协同

一是产业发展的创新。借鉴各国静脉产业园建设的成功经验，提出静脉产业及其相关产业项目的创新发展思路，利用集群组织的优势进行园区的专业化和分工合理化的规划，促进静脉产业园区项目在开发过程中具有竞争力。二是研发技术的过程创新。在静脉行业的快速发展中，技术创新是其主旋律。三是服务创新。完善基础银行研发服务、创业融资服务、高端技术人才服务、技术转移服务等特色配套服务，促进静脉产业协同创新发展。

2. 为产业耦合提供技术服务体系支撑

我国应借鉴国外先进技术经验，加大对静脉产业研发创新技术开发的投入，要建立多方向、多种类的绿色循环发展的开发机构，完善产业创新技术研发体系。一是保障可再生循环资源的多次利用技术研发的资金投入，设立相关的专项资金基金。二是完善技术服务配套。三是加快科研成果转化。

3. 建立管理服务创新体系，为产业协调提供支持

国家着眼于产业协同发展层面，在管理服务创新体系中，致力于要

求静脉产业遵照循环经济纲要，明确低碳发展和减排战略目标。相应的，地方政府有义务严格执行国家规定，应根据具体战略规划要求，为静脉产业提供行为规范和实施战略。在产业发展业务管理方面，要解决传统企业内部管理体制下存在的多头管理以及相关政策约束的问题，让专业静脉产业园管理部门制定具有园区产业发展特色的具体战略蓝图，明确管理服务创新体系在未来的发展路径，整合园区发展中的可利用资源，高效有力地统筹协调循环经济规划的实施和推进。

专栏5-2

光大国际：让垃圾变废为宝

一、公司介绍

中国光大国际有限公司（简称光大国际）是中国香港证券交易所主板上市公司。经过十多年的发展，其已成为享有世界美誉的生态环保集团公司，是中国乃至亚洲环保产业的龙头企业。可以说，光大国际是中国第一家一站式综合环境管理服务商，主营业务包括垃圾发电、厨余垃圾回收、环卫一体化、生态修复等。

二、光大国际的循环经济

第一，继续践行社会责任，率先实现信息公开。光大国际拥有高度的社会责任感和使命感，积极参与低碳循环发展，提倡节能减排，积极推动和支持世界的环境保护，进行了环境教育等社会公益活动，并设立公众开放日，积极接受公众监督，继续引领垃圾发电行业健康有序发展。自成立以来，光大国际还在信息披露上实现了新的飞跃，树立了新的标准，在整个垃圾焚烧发电行业中发挥了主导作用。

第二，探索“一带一路”机遇。光大国际正充分利用目前已经具备的创新技术和设备，其以“一带一路”建设为重点，以联合国垃圾焚烧PPP的编制标准为契机。通过BOT、TOT、BOO、并购重组等模式，在生态环境保护和绿色新能源领域上进行多渠道、多方式的开发，寻找新的业务发展机遇，高起点推进集团新一轮发展。

三、跃升为中国环保行业的龙头企业

光大公司依靠其创新化的研发技术能力和先进的内部管理体系进入中国环保行业的前列。

1. 产学研合作，实现技术国际领先

粉煤灰和炉渣是垃圾发电和生物质能发电领域的两种废弃物，如果处理不当，会对自然生态造成严重的破坏。而公司十分看重对垃圾发电过程中产生的粉煤灰进行现场固化处理，确保其在进入危险废物填埋场前能减少对自然环境的破坏。此外，生物质发电项目产生的废弃物中有91%可以重新用于制砖中。另外，公司还自主研发了渗滤液处理设备系统，实现了渗滤液回收利用。

2. 污水处理实现高度循环再利用

光大国际专注于对生产车间进行污染清洁改造，以至于进一步实现水资源的零消耗。而正确处理污水、污泥是另一个重要问题，通常情况下，在污水处理车间中主要采用4种高效方法，光大国际通过这些方法可以实现对47%的污泥进行循环使用，其秘诀是对需要在填埋场处置的污泥进行脱水处理，减少含水量和容积，从而减轻填埋场的负担。

第二节　新趋势：管理智慧升华

我国静脉产业市场内部主要分布着小规模的工作室和各种废材料再生处理基地。要了解整个静脉行业的优势劣势及其在市场中所具备的竞争力，需要借助波特五力模型来帮忙。波特五力模型包括五个方面——潜在竞争者威胁、现有竞争者之间的竞争、买方的讨价还价能力、卖家的议价能力和替代品生产厂商的威胁，如图5-2所示。

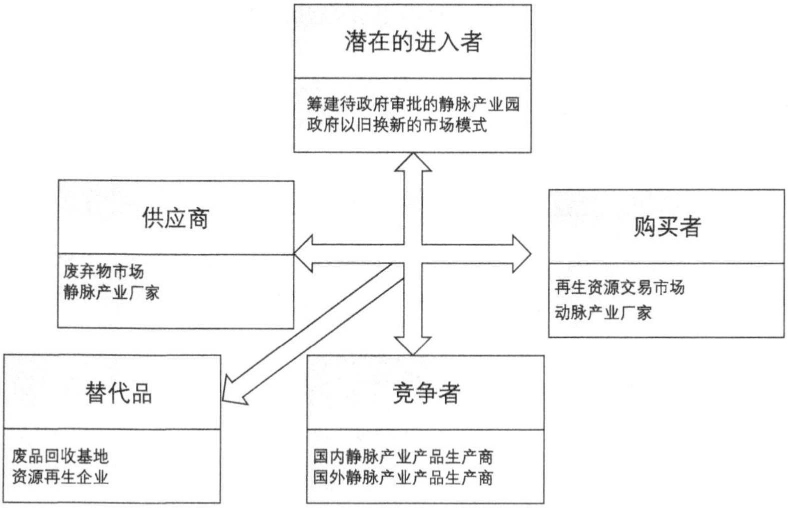

图5-2　静脉产业五力模型

在市场机制与政府行为相互作用下，建设静脉产业园区主要是为了建设生态工业园，让废弃材料得到回收利用，改善生态环境。从上述静脉产业所具有的竞争优劣势，可以得知目前静脉产业面对的竞争对手不再仅仅是同类园区的废弃物回收加工基地，还包括园区外的小规模资源再生企业。在市场竞争模式下，静脉产业园不仅需要面对市场自我调节的不确定性，还需要关注国家政策。因此，在国家对静脉产业发展给予相关政策支持下，静脉产业市场逐步规范化，静脉产业园正在逐步发展壮大。

一、完善政策体系

良好的政策环境在很大程度上推动静脉产业向前发展，但我国静脉行业政策法规仍然处于不成熟的阶段，主要表现为产业管理的权利和义务不清晰，政府机构的监督体系不规范等，如表5-1所示。

表5-1　静脉产业政策的局限性

政策局限性	导致后果
资源税范围不够明确	资源税没有引起企业对资源消耗的关注
企业排污责任精细化不够明晰	企业没有清晰意识到清洁生产是其义务所在
生活垃圾的分类管理不完善	生活垃圾回收工作没有取得预期的成果

相应地，行业协会应在工业园规范标准的制定上，推动废弃物处理企业的指标管理，鼓励减少资源的浪费量。政府应该通过修改政府采购办法，进一步拓宽不可回收资源和再消费品的销售渠道，增加园区商品产量，形成规范合法的产业运行体系机制，把静脉产业发展成为一个奉献自己的力量的环境友好型产业。

二、健全产业管理体系

静脉产业的管理职能界限不清是产业管理体系面临的主要绊脚石。

现今管理体系导致的问题可归纳为三个方面：发展规模不大，不规范，不经济。

应成立静脉行业管理部门，厘清各主管部门的职责，确保静脉行业有序管理工作的开展。目前，许多国家都开始重视静脉行业的管理，我国也不例外。我国应该在各省都成立行业协会，加强对静脉行业统一管理，在带动就业的同时促进行业的快速发展。

专栏5-3

东旭蓝天："智慧能源+环保"

一、公司介绍

东旭蓝天新能源有限公司（简称东旭蓝天）秉持"让天更蓝，让生活更美好"的企业愿景，目前是我国的A股主板上市公司，其自成立以来就坚定不移地制定长期战略，在特定区域内为生态环境的绿色发展奉献一己之力，其主营业务主要以提供多元互补、分布式一体、联合供冷、智能能源供热与电力为主。其致力于成为国内领先的环保新能源综合服务商，旨在通过循环绿色产业的协同创新发展，为其他企业提供一系列绿色发展解决方案。

二、"智慧能源+环保"模式创新突破

目前，产业园区创新模式试点项目正在有条不紊地推进，作为环保新能源综合的领军者，东旭蓝天通过公司的商业模式和试点规模也在逐步地改善。

1. IP特色的静脉产业园

东旭蓝天着力打造具有东旭IP特色的静脉产业园，东旭蓝天总经理指

出，生态环保产业园的项目需要充分融入新能源和循环绿色的发展要素，东旭蓝天作为国内领先的环保新能源综合服务商，需要身先士卒地进行“智能能源+环保综合管理”创新模式试点，于是华融环保产业园就成为其纳入的目标对象。

目前，依托东旭蓝天的私有云和大数据、互联网等现代智能技术，东旭蓝天的战略布局日趋清晰，绿色新能源战略主要是在特定区域实现环保、新能源两大绿色产业协同发展的带动，创造美丽的生态生活环境，并提供人们迫切需要的智能能源。此外，其主张的绿色能源、绿色环境在未来的协同效应中逐渐显现，并为建设环境友好、绿色、循环、智能园区提供方案。一方面，其以云平台或服务形式，帮助用户实现配电网监控。另一方面，其以园区为载体，开始了提高能耗监控、智能微网管理、用户端管理等智能能源项目运营，建立覆盖园区各行业的智能能源管理平台。这些先进能源管理、垂直售电一体化和资产管理等先进能源服务，打造出智能环保新路子。智能化的生态环保一系列项目，对真正实现绿色循环产业经济是具有里程碑意义的重大实践。

2. 东旭蓝天的循环经济战略

东旭蓝天的循环经济战略布局在未来的协同效应逐渐显现，甚至日趋清晰，其战略主要是在特定区域创造优质生态环境，通过环保、新能源两大绿色产业协调发展，提供绿色能源发展战略方案。

第一，启动具有IP特色的“静脉产业园”项目。东旭蓝天企业内部有华融环保产业园试点项目，该项目位于有“中国丝网之乡”之称的河北安平县。遵照循环经济管理理念和相关企业的进入产业园项目的门槛制度，华融环保产业园区内严格制定了统一规划和标准，按要求审核落后产能，并进行淘汰，进一步优化产业园区的空间布局，为实现真正的绿色循环工业经济而不懈努力。目前，华融环保产业园区已经全面解决了由于丝网表面处理不妥当而造成生态环境污染的弊端，进而推动了传统产业项目向静脉产业的快速转变，为京津冀和雄安新区等的高端工业制造业的生态绿色发展提供了新示范方案。

第二，东旭蓝天的“智慧能源环保”模式创新。东旭蓝天作为国内领先的环保新能源综合服务商，考虑到生态环保产业园项目需要，充分融合新能源和循环绿色的发展元素，其建设了独具特色的东旭冶金工业园。随着园区项目的稳步推进，企业开展了“综合治理智能能源与环境保护”项目，这一突破将成为强劲增长点。

三、谱写东旭蓝天创新发展的新篇章

东旭蓝天正坚定不移地实施创新驱动，按照可持续发展的理念，在生产方式上强调废弃物减量化的经济发展，综合利用能源及其废弃物，实现了经济系统与自然生态系统的资源化和无害化，使物质和谐循环，保持了自然平衡。

东旭蓝天为构建新能源与环保平台协同的整体性优势，以园区为载体，主要依托东旭的私有云和大数据、互联网等现代智能技术，实现了源、网、充、储、发、配、销一体化。其大力开展的覆盖园区各行业的智能能源管理平台，作为未来的重点业务领域，将谱写蓝天创新发展的新篇章。

……………………………………………………………………………………

三、优化园区产业布局

园区化已经成为静脉产业集约化发展的主要方向，在这个前进道路上静脉产业的规模也越来越大了。从2005年开始，国家原环保总局提出实行“圈区管理”的策略，后经国务院批准，国家六部委联合组织对一些电器加工利用行业进行严格的审批，进行了两批国家级循环经济试点工作；并在一年后实施了新的产业标准。一直到2009年，财政部启动了支持各种废弃材料和废弃物进行再生资源生产的技术创新，进一步归类了资源节约型企业的名目。此外，各省、市根据发展需要，都积极鼓励民营企业积极投入到静脉产业园区的建设中。目前，我国已经出现了越来越多的园区，且规模都不可小觑。

1. 优化园区布局原则

园区产业布局越来越合理，静脉产业园处置并分解了数以万吨计的城市废料，在物质代谢过程中奉献力量。

园区产业布局须遵循三大原则：土地资源集约利用原则、产业链关系原则、环境安全原则。土地资源集约利用原则可以最大限度地使园区的项目投资费用降低；产业链关系原则可以保证产业园区内部企业在价值链上具有一定的关联性；环境安全原则则需要充分评估废弃物处置所带来的风险。三个原则共同保障园区布局不断实现优化的目标。

2. 优化园区物质代谢

城市废物主要来源于城市居民生活所产生的垃圾。生活垃圾废物每天以数以千万吨的数量在增加，再加上没有进行合理的垃圾分类，导致很多资源被浪费。因此，产业园区以消化生活垃圾为主要目标，建立了垃圾分类、降解的物质代谢设备，进行车间化的资源回收。

从能量代谢的角度看，主要表现为电能、化学能、水和蒸汽热能在系统中的流动转化。餐厨垃圾经厌氧堆肥产生沼气，分离出的废油制成生物柴油，进一步用作燃料或化工原料；沼气用于焚烧发电或其他项目焚烧助燃；电厂发电可维持正常生产生活，供暖地区更可用于居民区供暖。在能量代谢方面，垃圾焚烧发电余热的回收利用是重点，尤其是气态余热的回收利用，包括碱系统余热和锅炉排气系统余热。园区在用户集中供热、工业供热（如水产养殖）、农业供热（如温室植物栽培）等方面进行了探索。

从对垃圾废物代谢降解的出发点来看，生活垃圾的回收利用处置设备中需要尽可能地提炼出可以重新改造利用的循环品，剩余的各种废渣物质则考虑进行发电产能，最后阶段的炉渣再通过填埋场减少环境的污染，经过长时间分解处理，产生的污泥和土地里的污泥可一起进一步进行脱水化处理，替代化学肥料用于种植土壤的修复。这样一来，在整个产业园区的垃圾协同处理过程中，形成了静脉产业园物质代谢的一体化的耦合机制，将园区物质和能源进行高效循环使用。

3. 优化园区处置能力

园区处理废弃物过程中需要考虑到废弃物性质和市场需求规律的综合影响。通过综合考量，产业园区一般离城市比较近，这一地理位置的特点决定当园区服务处于城市周边时，其应该优先采取集中化处理的方法，这样可以减少运输的费用，同时部分废弃物的特殊性又需要采取就地分散处理的方式，两种方法结合使用可以提高综合效益。

静脉产业园要优先利用自身的特色和优势，调整产业链供需平衡，避免园区资源闲置或处置能力不足。大多数城市垃圾的产生数量都与城市整体经济的发展水平和人口居住的密集程度紧密相关。因此，在园区的布局设计中，应充分考虑周边城市的垃圾数量及园区代谢废物的能力，匹配符合城市垃圾规模和处置能力的园区空间布局。

专栏5-4

高能环境：逆市飞扬，缔造中国固体废物发展风向标

一、公司介绍

北京高能时代环境科技有限公司（简称高能环境）成立于1992年，是诞生于中国科学院的从事固体废物污染防治技术研究的高新技术企业之一，2014年在A股主板上市，总资产近100亿元。

经过几十年的砥砺前行，高能环境以创新技术研发为支点，以自己的节奏和姿态迎接环境产业新时代。目前，公司拥有87家子公司，实现了集团化规模和多元化经营发展，其业务范围涵盖环境整治和固体废物处理处置两大领域，是一家具有突出竞争力的环保产业龙头企业。

二、固体废物领域的低调“潜行者”

作为固体废物领域的低调“潜行者”，高能环境正从单一的垃圾焚烧变成静脉产业园，形成了工程承包与投资建设、运营相结合的管理模式，迎接环境产业新时代。已形成以环境整治、危险废物处理、生活垃圾处理为核心业务的综合环保服务平台。

第一，填埋场综合治理与修复“先行者”。对于垃圾填埋场的恢复，高能环境提出了三种恢复解决方案，包括“土壤污染净化与恢复协同”“地下水污染防治与加固恢复”和“污染风险管理与恢复治理”。此外，垃圾填埋场稳定后，堆填区可以通过再开发技术建成集景观、游憩、生态于一体的“公园岛”，进一步进行可持续资源的转化，并进行再填埋或对老化垃圾进行挖掘利用。

第二，打通固体废物全产业链。在解决“垃圾围城”问题上，进行垃圾分类是突破口，该方案早已获得了世界各国的认可。随着垃圾分类和环卫市场的开放，“四管齐下”的方式有望打通此前相对零散的大型固体废物处理系统，不仅将原来徘徊在传统固体废物处理系统之外的分散产业链中的各环节联合起来，还使原本做单一产业链的企业开始有机会布局垂直产业链。

三、走绿色、低碳、循环发展之路

第一，针对固体废物的全产业链布局，高能环境提供城市城乡卫生一体化的方案措施，将垃圾从分类收集、运输、转运到最终焚烧、填埋这个过程进行细化，打造了全流程城市环境服务系统。

第二，从整个生态环保产业链出发，高能环保布局了从最初的土壤修复到最终的水处理全流程，并加强了对员工生态环保意识的培养，倡导低碳生活方式，通过公众与其他利益相关者的沟通平台，宣传企业环保理念，更好地回应相关方的需求，大力推动循环经济的发展。高能环保在真正意义上打造中国最完整的环保产业装备集群，成为“一站式”环保系统服务商。

第三节　静脉产业园循环智慧

以系统的观点去把握静脉产业园的基本属性，更能了解产业园的循环创新。

一、“全覆盖+全方位”智慧

基于静脉产业领域政策的大力支持，再结合静脉产业自身所具有的分散化和集中化的处理特性，使整个产业体系以全覆盖、全方位的智慧来助力经济实现快速发展。

1. 从产业链角度的政策全覆盖

静脉产业链中包括许多个环节，这些环节互相连接，构成一个长长的价值链。因此，在制定产业园区发展政策时，要细致地把握产业链成员互联互通的上下游，顾及发展政策的全方位。例如，在废弃物重新回收处理的过程中，应当制订合理的产品价格战略，规定企业应当承担产品在处置废弃物时所耗费的人力物力。在废弃物回收的中间环节，设计提高物流效率的方案，支持简化处于中间部分的污染消除工作。在最终废渣处理的部分，应该设计新产品设备，进行尾气的降解，避免对空气造成污染。

2. 以国家政策为支撑的全局战略

强制性是国家解决社会发展问题的重要手段，作为社会主义国家，党和国家的全局战略对社会经济的发展至关重要。国家有必要通过强制性的政策手段在一定程度上限制企业和公民的相应行为。为了倡导全社会实行垃圾分类，简化静脉产业链，国家在政策制定时要充分考虑各方面的因素，可以充分调动企业和市民的积极性。

3. 以“源头控制”为重点的转换策略

根据因果关系理论，废弃物的出处及产生的原因在一定程度上影响了循环处理方式，同时也影响了静脉产业园区的建设布局和无害化处理水平。为此，应注重污染物的减排设计，将园区的设计方向瞄准废弃物源头的控制。

二、技术协同改良

深入探究静脉产业所需要的改良策略，以技术手段促进静脉产业结构调整是重要的出发点，科技在产业园发展机制中充当着重要的角色，其可以帮助静脉产业实现从低附加值到高附加值的转变。静脉产业技术如下。

第一，还原技术。由于静脉行业涉及废弃物类型繁多，包括人类生活和工作中各个环节的废弃垃圾，故而其还原技术具有重要的地位。首先，还原技术在废物处置的环节中，可以使各类的垃圾最大限度地进行降解，还原有益的物质。其次，在工业生产过程中，还原技术可以提高产品生产效率，最大可能地进行废物处理和回收。因此，要加大对废物还原技术的研发投入力度，依靠减排技术提高综合利用效率。

第二，替代技术。替代技术是指通过技术手段将可以重新利用的物质转化为生产投入需要的原材料。替代技术已缓解大量资源开采导致资源短缺的困难，是促进循环经济发展的关键因素，毫不夸张地说，替代技术是提高资源利用效率、减少环境负荷的重要组成部分。

第三，产业共生技术。产业共生技术主要应用在回收环节的中间处理部分。在静脉产业园区内，特别是共同负责废弃物回收提炼的企业和行业，共生技术成为其提高绿色资源回收利用的重要武器。例如，企业可以将丢弃的资源转化为公司可重复利用的原材料。

第四，信息技术。便捷的信息技术有利于实现数据资源的协同整合和共享，促进静脉产业的案例在全社会的传播和借鉴，具有推广作用。此外，静脉产业本身的运作需要获取多方面的资源数据，以确保其决策的全面性。信息技术不仅是静脉产业内部管理的保障，也是构建社会公共平台的基础。

三、“开环管理”和“闭环管理”并举

开环管理就是在产业链内部的各个环节加上锁扣，保证整个环呈现开放式的特征，可以允许中间环链接头尾环，必要的时候可以跃环进行链接，从而提高整个产业链的运行效率，可以促进循环流程的高效进行。开环的实现还需要具备两个条件。一是静脉行业所有参与者之间有序交流、有效融合、相互合作。二是产业链上下游物流环节要有顺序地联结。上游再生垃圾可作为下游利用的物质，如此循环形成价值创造。

而闭环管理就与开环有所区别，闭环需要分清是哪个企业进行生产，哪个企业进行中间处理，哪个企业进行末端兜底，清晰地进行职责分工，规规矩矩地环环按原则进行连接，所有的物流都在静脉行业的监督管理之下，没有所谓的越级和错位。不可避免的是，要施行闭环管理就必须具备高效的管理运行体系和高水平的设备技术。

综上分析，开环和闭环管理各有优劣，要促进静脉产业发展，最佳的方案是将这两种管理模式都使用起来，协调二者，确保静脉产业上下游成员进行有序衔接，以求最大限度地减少污染物排放量，践行节能减排和绿色发展。

专栏5-5

三峰环境：为了一个更洁净的世界

一、公司介绍

重庆三峰环境集团有限公司（简称三峰环境）是中国固体废物行业十大有影响力企业之一，在2018年成为中国环境企业50强，是国务院国有企业改革试点单位。其共拥有39个子公司，专业致力于将资源的梯次的能量差异性分段利用，进而达到资源的最佳利用效果。

二、三峰环境的清洁世界

三峰环境为了世界更美丽，不仅利用自己的技术和设备优势进行垃圾的循环处理，还积极开展保护生态环境的宣传讲座，告诉成千上万的居民珍惜环境，爱护家园。

第一，打造国家级创新平台，推动技术持续进步。在获得多项技术专利的基础上，公司还着力打造了行业内一流的国家级创新平台。开展产学研研发项目，与浙江大学联合成立三丰环境浙江大学环境能源研究中心，最终获得了生态环境部批准建设的垃圾焚烧处理回收工程技术中心。

第二，主动履行企业社会责任，环保科普回馈社会公众。三峰环境将垃圾发电行业的优秀成果转化为适用于科普教育的学习材料。以各垃圾发电厂为环境科普教育基地，向社会和公众进行环保宣传，被生态环境部、教育部广为认可。

第四节　借鉴国外的先进经验

静脉产业最早是在日本开始的，其原意是通过一系列与产业相关的环节对废物进行回收再利用。当时的日本学者以动静脉的血液循环系统为参考，认为静脉产业的功能就如同人体的静脉一样，将使用过的废弃物进行重新回收利用处理，以挖掘可利用资源，重新供产业使用。

一、德国：健全静脉产业回收体系

德国是工业发展领先国家，该国家的静脉产业在20世纪初就快速发展，静脉产业的快速发展不断地带动其他方面的发展。其中，双重管理（DSD）模式的技术研发应用具有巨大的推动作用。该模式相当成功地将静脉行业的循环利用延伸到了消费领域，让消费者体验了别具一格的双物流模式。

而我国废弃物和垃圾产生的数量巨大，决定了其回收利用和中间环节的难度较大。为此，我国应以德国双重管理模式为模板，完善我国静脉行业回收体系。

我国静脉产业回收体系可以借鉴德国，与全社会各企业建立合作关系，对企业生产过程中产生的废物和成品消耗后失去使用价值的废物进行回收利用；各企业通过自营或经营回收废旧消费品等形式与社会公众建立回收关系，在全社会范围内回收废弃物。此外，为保证回收体系的顺利实施，我国应设计生活垃圾分类措施，落实垃圾分类。

专栏5-6

锦江环境：智慧循环

一、公司介绍

中国锦江环境控股有限公司（简称锦江环境）作为中国的500强企业，于2016年8月3日正式在新加坡主板挂牌上市。公司秉承持之以恒发展环保产业的理念，是国内首家垃圾焚烧运营商。锦江环境是国产化垃圾焚烧发电技术方面的推广者和引领者。

二、锦江环境“资源交换，物质循环”

锦江环保将主要战略方向转向了生活垃圾焚烧发电，倡导绿色低碳产业的发展。其不仅优化了污泥产业链，还构建无害化管理体系，促进了资源和环境的循环利用。

第一，垃圾发电成为行业引领者。作为中国环保事业的实践者，其深知垃圾焚烧发电是一个低利润行业，并且平坦的道路永远不在勇敢者的脚下。锦江环境经历了从艰难创业到成为行业佼佼者的成果转变。在此过程中，公司加快了与浙江大学、中科院等科研机构合作的步伐，不断完善垃圾焚烧发电的创新技术，建立逐步降低成本的管理方略，最终使锦江朝着可持续发展的道路迈进。

第二，研发创新为中国垃圾发电开科技之源。随着改革开放的不断深入，绿色发展已成为我国经济发展进程中的重要问题。而锦江环境很早就已经意识到了这一点，其具有国内领先的密度循环垃圾焚烧创新技术，完全符合我国垃圾焚烧和处理的需求，从而加快了全国布局。

三、引领城镇垃圾资源化

锦江环境积极落实绿色发展理念，尽量减少对物质特别是自然资源的消耗，引领提升城镇垃圾的资源化水平。

1. 变“制造”为“智造”

锦江环境心系环保，持之以恒。要发展好循环经济，必须有强大的科技作为支撑。锦江环境以企业为主体、以市场为导向，建立了一批省级实验室和省级工程技术中心。此外，锦江环境实施“互联网+循环经济”发展战略，建立数字循环经济体系，创新运用“互联网+回收”交易模式，着力打造“回收哥”和“屎壳郎”两个废旧物资第三方交易平台，形成线上投废、线下物流的废旧资源回收体系。

2. 变“盆景”为“大树”

坚持龙头企业上市融资，做大企业规模，增强核心竞争力，发挥龙头企业辐射、带动、引领作用。把培育龙头企业作为发展循环经济产业的重中之重，支持企业依托全国循环经济示范城市、全国“城市矿产”示范基地、全国工业固废示范基地等国家级品牌，推动格林美、瑞林稀贵、东江环保、金洋、史丹利等企业研发核心技术，提升了品牌形象与市场竞争力。

二、日本：全民环境教育事业

日本是最早重视静脉产业的国家，也是最早具有静脉产业成熟市场的国家，成为其他国家借鉴的典范，打破了企业层面的小循环的局限，将产业发展步伐延伸到社会网络的大循环中，构建一个网网相扣的大系统。该系统的成功之道得益于国家进行的全民教育事业，日本着力于构建全面的环境教育体系，使全国人民凝聚力量开展静脉产业园区投建。由此可见，教育事业对于静脉行业的发展也是一大助推剂。

1. 培育良好的学校教育环境

环境教育的主要基地是校园，如果想让环保的理念在全国范围普遍传开，还得从学校开始开展。我国应该采取措施来加大环保理念的普及力度，在大、中、小学校中的教程里添加保护生态环境的内容，以及有关环境污染和资源短缺的案例示范，鼓励学生进行生态环境保护意识的宣传。

2. 举全国之力的全民环境教育

就像日本的成功经历一样，静脉产业的最终发展打破了企业层面的小循环局限，将产业发展步伐延伸到了社会网络的大循环中。进入新时代以来，党中央做出了加快生态文明建设的战略部署，要求在全国范围内动员社会各方面的组织力量进行资源节约和环境保护的教育活动，不遗余力地开展环境教育，让教育成为倡导环保的思想源泉。此外，在政府的帮助下，为市民与企业互动搭建环境教育平台，可以提高所有人的环保意识。

三、美国：建立静脉产业市场化模式

美国静脉产业的发展经验也值得我国参考，其产业模式的成功主要归功于资本市场化运营优势。中国施行的是具有中国特色的市场化经济运作模式。在政府引导下，推动静脉产业的市场化经营发展是一条出路。

之前我国一些垃圾回收站由于回收价格低，不得不放弃一些垃圾产品的回收。据此，政府可以制定必要的垃圾收费和定价制度，并有限制地对静脉产业项目进行大量的资金补贴。在垃圾收费方面，企业可以通过收费和定价的方法来维持产业链的运行，目前我国环保意识还不普遍，应采取按户收费的政策。例如，我国的塑料袋收费制度吸引了人们对生活垃圾的关注，白色污染得到了一定程度的缓解。

章末案例

首创环境：吹响整治“集结号”

一、公司介绍

首创环境是一家全国性的专业环保公司，为地方政府提供综合性的环保服务和环境改善一揽子计划。它是一家在香港证券交易所上市的红筹公司，专注于固体废物的投资、建设和运营管理，专注于处置和资源利用等多元化业务发展体系，具有突出优势，是为地方政府提供一揽子环境改善方案的综合环境服务商。

二、首创环境的循环发展

1. 业务布局战略性发展

截至2016年年底，首创环境已在中国收购32个项目。2017年，公司宣布收购总设计规模为5000吨/日的焚烧、储运项目，为固废企业环境总体布局、资源合理配置、核心业务、战略布局提供优势。公司已建成3个危险废物项目，2018年投产，危险废物市场潜力巨大，公司将积极布局，占公司业务的20%。预计未来45%~50%的业务将来自垃圾发电。厌氧处理是一项战略性业务，先后成功建设了北京东村、扬州、杭州等多个厨房项目，积累了丰富的专业经验，预计占公司业务的1/4。

2. 国内固废项目获取及开工加速

除37个省市的网络外，首创环境还在河南、江西、京津冀等地设立投资中心，加大对优势省份项目的收购力度。根据公告，2017年，实现了垃圾发电的集疏运一体化，已超过2016年度项目收购和垃圾处理规模。首创环境新收购的项目在2017—2018年上半年投入运营，均为日处理1000吨以上垃圾焚烧发电规模，处理费用60元/吨以上。在建项目包括广东惠州、贵州都匀、江西高安垃圾焚烧发电项目和杭州、山西晋中、宁波餐厨垃圾项目。

3. 首创环境缔造全产业链体系

与其他环保企业“单点经营”不同，首创环境倡议环保业务范围全面，需要涉及垃圾分类收集、清运，集疏业务、填埋、焚烧发电业务等，决心构建垃圾产业链和城乡环卫一体化的大规模循环业务格局。

第一，垃圾分类。作为第一次环境革命的基地，公司率先在北京开展了垃圾分类试点工作，并利用“智能卫生”“垃圾大数据”和“互联网+”等概念，搭建了互联网平台，与客户进行联机和离线互动，从而实现对所有垃圾和废弃材料的全程监控，促进废弃物分类收集，实现废弃物资源的在线全面管理。

第二，垃圾清扫。首创环境进行了美丽乡村、美丽城市的实践，在全国各地开展清理废物工程，其中，首个环保服务首都城市保洁工作开始于朝阳区20多个街道和乡镇，致力于为城市循环体系提供解决方案，其目前的运行水平已经达到了北京市城市道路保洁质量要求和运行标准。

第三，“互联网+”收运。公司的环保工程项目到达了14个乡镇，进行了375个行政村的生活垃圾收运，率先将互联网模式引入美丽乡村建设，打造了乡镇互联网垃圾收运员新模式。

第四，生活垃圾填埋。首创环境经过科学的规划设计、合理的选址布局、有效的工程措施和严格的管理措施，将收集、转运和处理业务，以PPP模式打包交给社会资本投资和建设渐成趋势。首创环境确保了垃圾卫生填埋场的安全稳定运行，在填埋场的运行和建设等方面严格遵守了技术规范，实现了垃圾渗滤液的收集和处理，今后将继续对封闭式垃圾填埋场进行维护和监测，防止对周边环境造成污染。

第六章

蓝色未来可持续发展

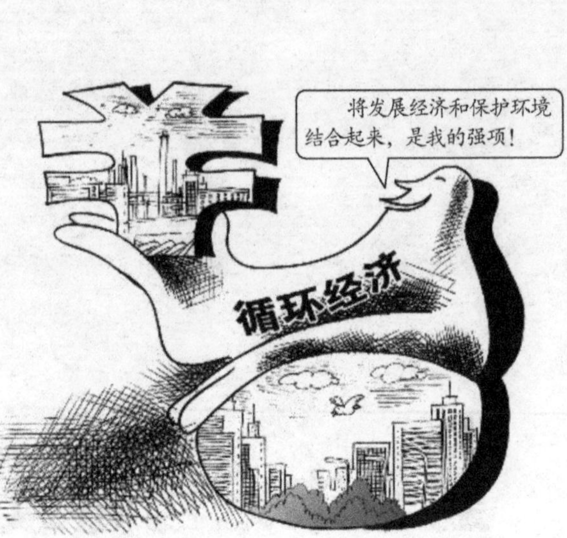

蓝色是美好的颜色，是永恒的象征。世界著名智库罗马俱乐部成员、著名经济学家、生态活动家冈特·鲍利（Gunter Pauli）是“蓝色经济”模式的创始人。从20世纪90年代开始，他以零排放、低成本和循环经济的方式来解决环境问题，并在欧洲建立了第一家生态工厂。蓝色经济将生态系统的卓越成就应用于经济体系，使人类系统，甚至是一切生物系统都能够稳定、安全地沿着进化和再生之路持续前进。最关键的是，蓝色经济模式既保护了地球的环境及资源，又使人类撷取了可持续发展的好方法，同时，它还能提高企业的效能，获得更高的投资回报。

循环经济是与传统经济活动的“资源消费—产品—废物排放”的开放（或单程）物质流动模式相对应的“资源消费—产品—再生资源”闭环型物质流动模式。

——全国人大环境与资源保护委员会前主任委员　毛如柏

开篇案例

金鹰股份：雄关漫道其修远兮

一、公司介绍

金鹰股份是一家生产麻纺、丝纺成套机械设备及注塑机的厂家，已建立了一个生产基地。其将国内无纺机械产品的开发与纺织工艺实践紧密结合，不断改进、完善，使机械制造与检测、生产基地建设与金鹰特色的发展同步。

二、金鹰股份循环之道

第一，坚持技术研发。紧紧围绕“科学、环保、发展”的生产方式，金鹰股份在保持产品质量的基础上，不断加大研发投入，努力打造和提升企业核心竞争力，从而努力实现转型升级的目标。

第二，抓好环保环节。金鹰股份结合公司产业结构特点不断发展循环经济，进行资源循环利用，坚守着国民经济和社会发展的重要战略。其通过在生产各个环节中实施废弃物的减量化、资源化和无害化处理，来提高生产车间资源的重复利用和开发高附加值环保产品，促进产品链的优化，提高企业的竞争力，提高植物资源的循环利用水平，提高资源利用和循环利用的效率。

第三，进行保护生态资源建设。着眼于人类的长期生存和发展，公司应该在保证资源利用效率和生态环境支撑能力提高的基础上，确保经济健康可持续增长，为子孙后代留下足够的生存空间。

第一节　“蓝色”深入中国经济的肌理

近年来，我国循环经济典型模式的案例，在区域层面包括辽宁阜新、浙江宁海、安徽阜南、安徽铜陵、福建德化、河南鹤壁、武汉东西湖、湖南永兴、广东云安、贵州贵阳、甘肃金昌和青海柴达木。以上这些城市循环经济试点都根据本地区的特点，推动企业开展清洁生产审核和废弃物综合利用，建设生态产业园区，推进城市发展循环经济。

此外，我国还形成了一批以废弃物与可再生资源的回收资源化利用为特色的静脉产业城市，包括湖南汨罗、广东南海、河南长葛、山东临沂、湖南永兴。这些城市发展了废金属、废塑料等多种资源化利用产业，形成相当规模的静脉产业园区，并构建了配套的区域可再生资源收集网络，形成了一批可再生资源集散中心，从国内和国外大量收集和回收废金属、废塑料等多种可再生资源。以这些静脉产业发达的城市为龙头，推动了我国资源循环利用行业的迅速发展。

由于中国是在工业化过程中引入了循环经济理念，与发达国家的城市循环经济实践相比，我国更加强调减量化优先，强调在生产过程中的废弃物资源化利用。因此，我国城市循环经济是全方位的，不仅涉及废弃物资源化，也与产业布局、城市基础设施建设直接相关。我们需要立足于我国能源结构、资源循环再利用等，以实现生态文明建设，构建中国特色新型城镇化的发展道路。

专栏6-1

太原钢铁：第一个“吃螃蟹者”

一、公司介绍

太原钢铁有限公司（简称太原钢铁）始建于1934年，自成立以来，依托国家级技术中心，坚持绿色发展，倡导节约、环保、文明、低碳的生产和生活方式，一直以创新引领发展，构建先进不锈钢材料国家重点实验室等科技创新平台。

目前，太原钢铁加快转型发展，发展新材料、工程技术、金融服务、国际贸易等相关多元产业，形成新的效益增长点。其构建具有国际竞争力的上下游产业链，成长为全球不锈钢行业领军企业，形成了以不锈钢、冷轧硅钢、高强韧系列钢材为主的高效节能长寿型产品集群。

二、太原钢铁生态化转型

通过应用循环创新技术，太原钢铁构建钢铁产业循环经济产业链网络，可创造更大的经济和生态价值，使钢铁产业不断提高资源利用率和节能水平，实现产业发展与资源环境的协调。

第一，“联姻”构建的循环经济产业链。钢铁企业与城市污水处理厂“联姻”构建循环经济产业链。通过这条产业链，钢铁生产过程所需的冷却水或工艺用水可以利用污水处理厂处理达的城市污水。因此，在城市建设布局上，可以选择在钢铁企业内部或附近建设城市污水处理厂。

第二，开辟钢铁农业发展新智慧。钢铁生产过程中产生的高炉渣和转炉渣中所含的氧化物和其他氧化物具有改良土壤的作用，可以把它加工成肥料。

一、加速蓝色经济的动能转变

一直以来，中国通过对资源过度消耗、规模扩大、新项目建设的粗放式管理，促进了经济增长。例如，以海洋渔业为主的传统海洋产业，也在通过对海洋资源的粗放式管理来扩大规模。虽然短时间内确实会带来经济的快速增长，但由此造成的海洋生态环境遭到破坏，海洋资源锐减等负面现象也会对经济的持续增长产生不利影响，给可持续发展造成了障碍。加快经济增长方式由资源消耗大、污染严重的粗放型经营模式向资源配置效率高、生态环境保护好的集约型增长模式转变，已成为当前经济增长方式转变的紧迫任务。这项艰巨的任务必须通过技术创新来完成。

科技创新为企业带来的机械化、专业化、低投入、高产出的生产模式，使集约发展成为现实。从边际生产力的角度看，科技创新引起的技术进步影响了生产函数，提高了生产要素的边际生产力。在相同的要素投入下，可以带来更多、更优质的产品。

二、实现蓝色经济产业转型升级

一方面，在技术创新的作用下，产业内部原有的平衡将失去，在技术的拉动下，产业之间将形成新的平衡。另一方面，新技术带来的新生产技术和新工具、新设备，也将催生新的产业和部门。从20世纪60年代到21世纪初，高新技术的创新带动了更多资源和新能源的开发利用。进入21世纪后，技术创新的加快发展，促进了蓝色经济产业的持续转型升级。资源开采、能源利用、环境保护等都得到了进一步发展，涌现出一大批具有无限发展潜力的商业模式和工业生产形式。

三、增强蓝色经济产业核心竞争力

废物与资源在特定情况下是可以转化的。根据物质守恒定律，在生产过程中，物质按照平衡原理相互转换。生产过程中产生的废物越多，则原料（资源）消耗也就越大，原料（资源）利用率越低。废物由原料转化而来，提高原料（资源）利用率，即可减少废物的产生。资源与废物是一个相对的概念。生产中的废物具有多功能特性，即某一生产过程中的废物，作为另一生产过程的原料进行利用，如火电厂产生的废物粉煤灰在水泥生产过程中作为原料利用。

科技创新通过优化区域内生产要素的配置，实现区域内要素的合理自由流动，使多个创新主体能够形成良好协调的互动关系，促进新的利润增长点和核心竞争力的形成。在蓝色经济的产业领域，首先，技术创新可以通过延长传统产业的生命周期、丰富产品种类、提高产品质量等途径，提高效益。其次，企业可以利用技术创新带来的增量效益，在同行业中取得优势地位，占据更多的市场份额，获得价格优势，增强经济竞争力。最后，在学习交流机制的作用下，创新成果在企业和整个供应链内流动，在整个蓝色经济产业中形成连锁反应，降低整个产业的生产成本，获得更大的规模效益，进一步促进整个产业的共同繁荣，提高蓝色经济产业的核心竞争力。

第二节　发力担当“蓝色未来”新支点

目前，各种投资正在涌入回收再生行业，尤其是废物再生能源方面，权益合伙人和风险投资者们可以快速得到收益。如果没有废物的收集和分类，废弃物再生能源设施就会运行得非常吃力。不管是为了回收再利用还是为了再生能源，我们都应该想出一个更合理的方法来收集、分类、打包废物，生产出好产品。

一、湾区：缔造未来

海湾地区（简称湾区）是在其地理特征和区域分工的基础上形成的，大体由一个或几个海湾、港口和邻近的岛屿组成。在湾区领域内的经济发展也是世界一流沿海城市的一大亮点和重要标志。综观全球经济发展进程，最发达的地区当属具有开放性、创新性的海湾地区，如纽约湾区、旧金山湾区和东京湾区。正是因为湾区经济发展具有开放的经济结构、高效的资源配置能力，决定着其具有引领创新动力源的能力。

粤港澳大湾区凭借其强大的产业驱动力、财富集聚功能和资源配置方式，为“一带一路”的主动服务提供了更好的装备。学术界普遍认为，湾区经济与海洋关系密切。蓝色经济的发展离不开湾区经济时代，但它不仅限于海洋，还包括生态、环保、科技、可持续发展、海陆一体化等。

二、未来可期：蓝色经济模式

我们已经确定，居住在工业化国家的人们80%的“生态足迹”的来源于住房、食物和交通。至于剩下的20%，则是由我们购买的不计其数的商品和日常活动造成的。生活中，我们可以朝着“零废弃”的目标努力，遵守可持续消费的原则，减少浪费，尽可能多次使用物品，杜绝一次性物品使用，修理好损坏的物品，回收再利用，堆肥处理厨房、草坪和花园的废弃物。

生产经济活动的“蓝色策略”道理也是相通的。

在农业生产方面，以产业为链条，将种植业、养殖业和农产品加工业连为一体，使上游产业废弃物转变成下游产业的投入资源，通过多层次产业间的物质和能量交换，在同一个产业系统运作中，提高资源和能源的利用率，以及农业有机物的再利用和再循环，从而使资源和能源消耗少、转换快，废弃物利用率高，减轻环境污染。例如，果树种植业—果汁加工业—畜禽养殖业，甘蔗种植业—制糖加工业—酒精制造业—造纸业—热电联产业—环境综合处理等。现实生产活动中，各模式可以有机结合，构建丰富多彩的农业循环经济运作模式，如产业链循环模式与沼气池相结合，能源、资源循环模式与观光旅游业结合等。因此，应根据各地的实际情况，考虑自然、经济和技术条件，因地制宜，选择适合本地的农业循环经济模式，健全农村循环经济体系，以求促进农业可持续发展。

工业蓝色经济模式，仿照自然生态过程物质循环的方式来规划工业生产系统，在工业循环经济系统中，各生产过程不是孤立的，而是通过物质流、能量流和信息流互相关联，一个生产过程的废物可以作为另一过程的原料加以利用。

首先是工业企业内部循环。企业根据循环经济的思想设计生产过程，促进原料和能源的循环利用，通过实施清洁生产管理理念和清洁生产技术开发应用，积极采用生态工业技术和设备，设计和改造生产工艺流程，形成无废、少废的生态工艺，使上游产品所产生的“废物”成为下游产品的原料，在企业内部实现物质的闭路循环和高效利用，减轻甚至避免环境污染，节约资源和能源，实现经济增长和环境保护的双重效益。

其次是工业企业间循环。工业企业间循环一般以生态工业园区模式来表达。它采用的企业与企业之间的循环，是继工业园区和高新技术园区的第三代工业园区，是指以工业生态学及循环经济理论为指导，生产发展、资源利用和环境保护形成良性循环的工业园区建设模式，是一个能最大限度地发挥人的积极性和创造力的高效、稳定、协调和可持续发展的人工复合生态系统。生态工业园区的发展是按照自然生态系统的模式，强调实现工业体系中的闭环循环，其中一个重要的方式就是建立工业体系中不同工业流程和不同行业之间的横向共生。通过模拟自然生态系统建立工业系统“生产者—消费者—分解者”的循环途径和食物链网，采用废物交换、清洁生产等手段，通过不同企业或工艺流程间的横向耦合及资源共享，为废物找到下游的“分解者”，建立工业生态系统的“食物链”和“食物网”，实现副产品的信息共享与交换，最终达到变污染负效益为资源正效益的目的，实现未来可期的蓝色经济发展模式。

章末案例

云天化集团：志存高远，厚积薄发

一、公司介绍

云天化集团在1977年进行投产，其经历了漫长而深刻的发展过程。1991年被评为云南省第一家国家一级企业，1996年被国家经贸委确认为全国512户重点企业之一，于1997年3月经整改，成为国有独资有限责任公司。经过40多年的发展，已成为中国企业500强，积极稳妥地进行产品结构调整，努力探索企业发展之路。

二、云天化集团的循环经济发展模式

在资源节约方面，云天化集团致力于清洁和节能降耗技术的研发，目的是淘汰落后的生产工艺和设备，实现集团的节能降耗、提高效率。此外，公司正利用自身在资金方面的优势，引入一些具有国际先进水平的大规模设备。

在资源应用方面，公司投入了丰厚的资金用于垃圾综合利用技术的研发。通过污染控制技术和资源综合利用技术的开发应用，在余热综合利用方面取得了显著成效，抢占了市场份额。

第一，采用循环经济组织结构。按照要求，云天化集团成立了以集团总经理为组长、副总经理为副组长、生产经营企业负责人为组长的循环发展工作领导小组。领导小组下设办公室、集团技术管理部、战略发展部、安全生产部和主要生产企业负责人，监督指导集团及所属企业循环经济和清洁生产工作。同时，要求子公司建立由总经理、管理部、车间组成的三级管理网络，为集团循环经济的发展提供了强有力的组织保障。

第二，清洁生产。云天化集团多年来始终坚持清洁生产，全面推进“三标融合”工作。重视“三废”综合利用技术的研究开发，在新建、改扩建项目中，坚持环境保护“三同时”“新老并举”的原则，积极采用新技术，清洁生产新工艺、新材料在生产废弃物排放经济方面取得了显著成效，帮助公司实现了绿色效益，实现循环经济可持续发展。

致谢

尽管本书是由我们编写，但我们得到的鼓励和力量来自循环经济的先行探索者、行业专家学者和身边朋友。自有“循环经济”一词以来，我学习了不少学者和专家的研究成果，在实际工作中应用及吸取教训，听取生态环境行政主管部门相关领导和行业协会的意见，从而不断提高工作能力。我无数次在工作中有所抱怨，但是初心信念一直支持着我前行。本书得以成书付印，得到了老师、好友、有关领导、工作伙伴和家人的大力支持，在这里我要专门致谢。

我的老师余来文先生是管理学博士，应用经济学博士后，大学客座教授、博士生导师。余老师的指导某些时候犹如“棒喝”，体验是深刻的。另外，余老师总是毫不吝啬地传授经验与心得，学习中有如此亦师亦友的伙伴，那是上天的礼物。

我的好友朱先生是投资人，多年来从事建材生产贸易、资源再生利用及循环经济投资工作，是广东郡睿环保科技有限公司董事长，东莞市国钜建材有限公司总经理。朱先生是慷慨的，特别是在践行环境保护和资源再生方面，投入大量的资金和精力，也对本书进行了实质性的资助。另外，广东蓝龙环境科技有限公司团队，也为本书编写提供了支持与帮助，尤其在清洁生产技术和案例分析方面的帮助。还要感谢工作伙伴和家人，他们总是对我的疏忽和过失给予包涵与容忍，这种默默的支持，让我得以继续探索和前行。

此致

感谢与敬礼!

王汉洪

2020年10月

参考文献

[1] 蔡桂全，陶建平. 结构化金融促进循环农业与农业保险协同发展研究——评《循环农业发展理论与模式》[J]. 植物学报，2019，54（6）：811.

[2] 陈红梅. 生态修复的法律界定及目标[J]. 暨南学报（哲学社会科学版），2019（8）：55–65.

[3] 陈静怡，赖芨宇，孙华威. 循环经济理论应用于工程建设项目的研究[J]. 佳木斯大学学报（自然科学版），2020，38（1）：127–130.

[4] 陈平. 灰度环保：致力绿色创新发展循环经济[J]. 中国商界，2020（3）：76–79.

[5] 范琳. 面向可循环经济的物联网技术应用研究[J]. 无线互联科技，2020，17（3）：30–31+34.

[6] 范卫杰. 基于循环经济推行城市生活垃圾智能化分类的策略探讨[J]. 电子世界，2019（19）：52–53.

[7] 傅春燕. 循环经济导向下国企成本管理体系探讨[J]. 广西质量监督导报，2020（1）：155.

[8] 高美峰. 以“决战决胜”实现发展大跨越[J]. 群众，2020（3）：27–28.

[9] 郭任宏. 沈阳市固废循环经济产业园规划研究[J]. 天津科技，2020，47（2）：83–86+89.

[10] 韩彩云，王子英. 基于循环经济，探索园区污水处理新思路[J]. 环境与发展，2020，32（1）：52–54.

[11] 郝皓，张继，张骞. 循环经济下我国动力电池回收逆向物流发展对策[J]. 生态经济，2020，36（1）：86–91.

[12] 洪玉杰. 有“循环”，才“经济”[N].青海日报，2020–01–07（5）.

[13] 胡娜，张庆堂，闫国伦. 循环经济与低碳经济背景下绿色包装之路探索[J]. 现代营销（信息版），2020（1）：109.

[14] 季昆森. “四链” 融合推动多功能大循环农业发展[N]. 中国环境报，2020-01- 23（3）.

[15] 蒋鑫. 产业链视角下循环经济对产业发展的影响——以界首市为例[J]. 现代商贸工业，2020，41（5）：12-13.

[16] 黎鑫林，熊忠华，戴祥生，等. 鄱阳湖生态经济区柑橘园基于生态调控的绿色高效循环农业模式构建[J]. 现代农业科技，2020（2）：194-196.

[17] 李铃静. 循环经济与国际贸易可持续发展的战略措施[J]. 中外企业家，2019（7）：42-43.

[18] 李思寰，段凯，方淼珠，等. 物流快递高速发展背景下循环包装共享系统研究[J]. 中国商论，2020（5）：16-18.

[19] 梁永春. 浅谈服务业发展循环经济的保障体系[J]. 全国流通经济，2018（19）：83-84.

[20] 林发照. 发展海岛循环经济的路径选择[J]. 环境保护与循环经济，2019（5）：1-4.

[21] 刘芳. 发展生态旅游推动循环经济发——展评《旅游生态经济学》[J]. 广东财 经大学学报，2020，35（1）：116.

[22] 刘嘉欣. 循环经济下快递包装回收[N]. 山西日报，2020-02-24（10）.

[23] 刘强. 现代农业循环经济的探讨[J]. 农机使用与维修，2020（2）：101-102.

[24] 刘庆丰，罗枫，周显武. 循环经济产业园规划与产业政策和相关规划的协调性分析[J]. 再生资源与循环经济，2020，13（1）：13-16.

[25] 潘弋. 循环经济中的欧洲塑料产业[J]. 印刷杂志，2020

（2）：29-33.
[26] 钱鑫，曾永安. 食用菌产业发展提升农村循环经济研究[J]. 中国食用菌，2020，39（2）：124-127.
[27] 任其俊. 论通过技术革新实现绿色低碳循环经济发展[J]. 现代商贸工业，2020，41（6）：10-11.
[28] 时光. 基于循环经济模式的生态煤炭产业区规划研究[J]. 工程建设与设计，2020（2）：117-118.
[29] 舒圣祥. 激活循环经济也能刺激消费[J]. 理论与当代，2019（4）：58-59.
[30] 谭琦璐，康艳兵. 资源贫国到资源强国：日本建设循环型社会经验及启示[J]. 中国经贸导刊（中），2020（1）：39-43.
[31] 谭琦璐. 我国城市高值再生资源循环利用目标测算及政策建议[J]. 中国能源，2020，42（1）：19-24.
[32] 王丹竹. 基于循环经济的旅游经济管理创新分析[J]. 商讯，2020（5）：182.
[33] 王海彦. 基于生态文明视角下的东北地区经济发展研究[J]. 企业科技与发展，2020（1）：22-23.
[34] 王宏飞，赵峰. 大型能源化工企业发展循环经济的思考和建议[J]. 化工管理，2019（11）：9-10.
[35] 王树谷. 循环经济要向深度广度发展[N]. 中国有色金属报，2020-02-20（6）.
[36] 王玮，张月峰，高国. 以园区循环化改造为抓手，推动内蒙古经济高质量发展[J] 北方经济，2020（2）：51-53.
[37] 王筱萍，刘文华. 农业循环经济分层绿色融资模式研究[J]. 经济问题，2020（2）：109-117.
[38] 魏宸. 高质量绿色发展理念的探讨[J]. 市场研究，2020（1）：36-38.

[39] 肖军. 废旧塑料回收再生开辟循环利用新途径[J]. 乙醛醋酸化工，2020（2）：24-28+23+11.

[40] 谢元博，朱黎阳，罗恩华.园区循环化改造的建设成效及实施过程探索[J]. 再生资源与循环经济，2020，13（2）：5-8+37.

[41] 熊一舟. 循环经济有助消除海洋塑料污染[N]. 社会科学报，2020-02-20（7）.

[42] 徐宏兵. 基于多位一体的农村循环经济模式探索[J]. 中国集体经济，2020（3）：10-11.

[43] 佚名. 2025将实现塑料循环经济[J]. 绿色包装，2020（1）：32-33.

[44] 佚名. 中国企业入围全球循环经济奖，为中国循环经济事业再添殊荣[J]. 再生资源与循环经济，2018（12）：19.

[45] 佚名. 可口可乐支持中国循环经济[J]. 绿色包装，2020（2）：24-25.

[46] 佚名. 第五届城市矿业与循环经济研讨会[J]. 环境卫生工程，2020，28（1）：96.

[47] 游舜琨. 线性经济向循环经济转型的挑战和机遇[J]. 湖北开放职业学院学报，2020，33（1）：115-117.

[48] 于珊，亢飞. 循环经济与低碳经济协调发展研究[J]. 科技经济市场，2020（1）：67-68.

[49] 虞羽天，丁岳，邵卓. 循环经济理论在海岛环境管理中的应用探索[J]. 农村经济与科技，2020，31（1）：51-52+60.

[50] 臧学英，李惠. 美日德循环产业协同创新对京津冀产业协同发展的启示[J]. 东北亚经济研究，2020，4（1）：113-120.

[51] 张洪坤. 循环经济与经济可持续发展分析[J]. 中国市场，2019（36）：70-71.

[52] 张婕予. 循环经济理论下企业信息化发展策略探讨[J]. 中国集体

经济，2020（3）：32-33.

[53] 张俊芳. 基于循环经济模式下的供应链管理研究[J]. 商讯，2020（3）：150-151.

[54] 张诗玲. 基于循环经济与我国对外经济贸易比较优势的研究[J]. 环渤海经济瞭望，2020（2）：22.

[55] 张婷婷.探析循环经济与国际贸易的可持续发展[J]. 中国集体经济，2018（20）：6-7.

[56] 张壮，窦慧慧. 新时代我国生产生活方式的绿色化转向研究[J]. 特区实践与理论，2020（1）：112-116.

[57] 赵方鸽. 基于循环经济的建筑业可持续发展模式探讨[J]. 现代营销（下旬刊），2019（4）：123.

[58] 郑丽，曲巍. 生态伦理背景下种养循环经济发展研究[J]. 中国管理信息化，2020，23（4）：146-147.

[59] 朱悦. 基于生态文明建设的农村循环经济发展路径研究——以辽宁省冯贝堡为例[J]. 安徽农业科学，2020，48（4）：220-223.

[60] 祝彦婷. 浅谈我国有色金属矿产资源开发循环经济的发展方向[J]. 市场研究，2020（1）：30-31.

[61] 左永伟，徐洁书，吴炳智，等. 铜陵有色循环经济园升级再造[J]. 创新世界周刊，2020（2）：105-111.

[62] Aubrey Beckinghausen，Monica Odlare，Eva Thorin，et al. From Removal to Recovery: An Evaluation of Nitrogen Recovery Techniques from Waste Water[J]. Applied Energy，2020（263）.

[63] Fu Jia，Shiyuan Yin，Lujie Chen，et al. The Circular Economy in the Textile and Apparel Industry: A Systematic Literature Review[J]. Journal of Cleaner Production，2020（259）.

[64] Joe A Stone，David Jacobs. Presidential Party Affiliation and Electoral Cycles in the U.S. Economy: Evidence from Party Changes in Adjacent

Terms[J]. Journal of Macroeconomics, 2020 (64).

[65] Keshav Parajuly, Colin Fitzpatrick, Orla Muldoon, et al. Behavioral Change for the Circular Economy: A Review with Focus on Electronic Waste Management in the EU [J]. Resources, Conservation & Amp, Recycling, 2020 (6).

[66] Swetlana Wagner, Martin Schlummer. Legacy Additives in a Circular Economy of Plastics: Current Dilemma, Policy Analysis, and Emerging Counter Measures [J]. Resources Conservation & Amp, Recycling, 2020 (158).

[67] Sandra R Mueller, Ulrich Kral, Patrick A Wäger. Developing Material Recovery Projects: Lessons Learned from Processing Municipal Solid Waste Incineration Residues[J]. Journal of Cleaner Production, 2020 (259).

[68] Swapnil Lahane, Ravi Kant, Ravi Shankar. Circular Supply Chain Management: A State-of-Art Review and Future Opportunities[J]. Journal of Cleaner Production, 2020 (258).

[69] Stavros Michailos, Mark Walker, Adam Moody, et al. Biomethane Production Using an Integrated Anaerobic Digestion, Gasification and CO_2 Biomethanation Process in a Real Waste Water Treatment Plant: A Techno-economic Assessment[J]. Energy Conversion and Management, 2020 (209).

[70] Tanja Radusin, Jorunn Nilsen, Sondre Larsen, et al. Use of Recycled Materials as Midlayer in Three Layered Structures-New Possibility in Design for Recycling[J]. Journal of Cleaner Production, 2020 (259).

[71] Talens Peiró Laura, Polverini Davide, Ardente Fulvio, et al. Advances towards Circular Economy Policies in the EU: The New Ecodesign Regulation of Enterprise Servers[J]. Resources, Conservation, and Cecycling, 2020 (154).

[72] Vivianne Julianelli, Rodrigo Goyannes Gusmão Caiado, Luiz Felipe Scavarda, et al. Interplay between Reverse Logistics and Circular Economy: Critical Success Factors-based Taxonomy and Framework[J]. Resources Conservation & Amp, Recycling, 2020 (158).